JN308237

増補版 やわらかな眼《まなこ》

内藤《ないとう》知康《ちこう》

法藏館

はじめに

本書は、私の最初の法話集である『やわらかな眼』の増補版です。最初の『やわらかな眼』（二〇〇五年九月発行）が絶版となり、指導の学生をはじめとする多くの方々から、是非再版してほしいとの要望がありました。私は、本年三月末をもって龍谷大学を定年退職いたしますが、その時にあたって、法藏館から本書が出版のはこびとなりましたこと、大きなよろこびです。

最初のものと比べて、以後の法話を加えて内容が充実したことに加え、法藏館編集部の協力を得て全体の修正を行い、随分読みやすいものにもなりました。再販を熱望していただいた多くの方々に対しては、もっと良いものができあがりましたと、自信を持ってお手許にお届けできます。

最後になりましたが、本書の出版を快く引き受けて下さり、また読みやすくするための修正に尽力して下さった法藏館の皆様に、深い感謝の意を表したいと思います。

二〇一四年二月

内藤知康

増補版　やわらかな眼　目次

四、南無阿弥陀仏の救い　149

凡　例

一、引用文献、および本文の漢字は、常用漢字のあるものは、常用漢字を使用した。

一、引用文献は、以下のように略記する。

『浄土真宗聖典（註釈版）』（第二版）……………「註釈版聖典」

『浄土真宗聖典七祖篇（註釈版）』…………「註釈版聖典・七祖篇」

『真宗聖教全書』……………………………「真聖全」

増補版　やわらかな眼

一、本願を聞く

仏意測りがたし

親鸞聖人のお逮夜法要

お逮夜《たいや》法要ということでお話をさせていただくわけですが、四月でございますから、今年度最初のお逮夜法要であります。一回生の方にとりましては、龍谷大学へご入学になって最初のお逮夜法要ということでありますので、ひとつお逮夜法要というのはどういうことかということを、最初に少しお話させていただきたいと思います。

申すまでもなく、この龍谷大学の建学の精神といいますのが、親鸞精神というふうにいわれております。親鸞という方、親鸞聖人というふうに敬称をつけるのが普通であります。親鸞聖人という方は鎌倉時代の方で、亡くなられましたのが、弘長二（一二六二）年という年の十一月二十八日であります。この十一月二十八日といいますのは、いうまでもなく当時のことですから旧暦であります。現在は太陽の動きによって一年間というものを決めていますけれども、その当時は月の動きによって暦を作っておりました。旧暦から太陽暦に変わりましたのは、明治になってからであります。その旧暦の十一月二十八日、特にその年、弘長二年の十一月二十八日というのは、太陽暦に換算しますと、一月の十六日になります。

考え方はいろいろあるんですけれども、いわゆる浄土真宗の教団といわれるもの、大きなもので一般に西本願寺といわれております本願寺派、東本願寺といわれる大谷派、この二つが大きいわけですが、大谷派では十一月二十八日という日を親鸞聖人のご命日というふうに定めております。いわゆる西本願寺、本願寺派では、親鸞聖人が亡くなられたその時期という季節感というのをピッタリとあわせるためには、やはり一月十六日をご命日と定めようということで、一月十六日をご命日としているわけであります。十六日ですから、毎月十六日がご命日ということになります。大宮学舎では十六日にご命日法要というのをおつとめしているわけでありますが、この深草学舎では、前の日、十六日の前の日ですから十五日になるわけですが、十五日にお逮夜法要を毎月おつとめしております。

大体、仏教の行事で法要という行事は、普通は前の日からその日までおつとめをしていきます。これも普通は、前の日の午後から次の日の昼までという形でおつとめをしていきます。これが正式のおつとめの仕方であります。ですから本来からいいますと、お逮夜法要が午前にあるというのは、少しおかしいわけでありますけれども、これもひとつ龍谷大学の伝統といたしまして、二講時目に必ずお逮夜法要をおつとめします。親鸞聖人の亡くなられた十六日の前の日から、おつとめを始めるということであります。

問題が間違っている

そういうお逮夜法要にあたりまして、お話をさせていただくわけですが、今日は「仏意測りがたし」という講題を出しておきました。この言葉は、親鸞聖人の最も重要な著作とされます『教行信証』という書物の第三、「信文類」に出てくる言葉であります。

少し話を変えますと、この深草学舎には、いわゆる経済、経営、法学部の三学部、それから文学部の大体普通は一、二回生の方、それから短期大学部の方がおられます。その他大宮には文学部の三回生以上、そして瀬田には理工学部、社会学部とあるわけです。この深草学舎の学生の方は、当然でありますけれども、いわゆる文科系の方ばかりであります。文科系だから、そういう文科系の学問だけをしていればいいのかというと、そうでもないわけでありまして、だいたい何か自然科学の系統の科目を取らなくてはいけない。取らなくては卒業できないというふうな形が、とられてまいりました。自然科学系統の先生にお聞きしますと、やはり文科系の学生さん、非常に自然科学が得意な方と、非常に不得意な方とはっきりと両方に分かれているということです。不得意な方というのは、大体自然科学というのはあまり好きじゃないわけであります。

私も、もとは自然科学系の勉強を少ししておりましたのですが、自然科学というのは決しておもしろくないことはないんですけれども、大体において、いわゆる大学受験という受験のための勉強という形でやりますと、おもしろくないですね。受験のための勉強という形でもおもしろくない。それだけでもおもしろくないのに、受験に備えてという形で授業をされていきますと、もともとおもしろいものが全くおもしろくなくなってしまうわけであります。

自然科学の代表格といたしましては、数学という学問がありますが、皆さん方も少なくとも中学、高校で、数学という科目を何回かは受けているはずであります。この数学の問題を解きますのに、これはいわゆるパズルのような感覚が実はあるわけですね。ですから大体パズルの好きな人は、本当は数学が好きになってもいいわけであります。

パズルのようなものといいますと、他にもいろんなゲームがありますね。五目並べとか、或いは将棋とか囲碁とか、新聞で見ますと、詰将棋とか詰碁とか、そういう問題、詰連珠、五目並べですね、こういうものがよく載っています。こういうのを考えていきますのも、これも一種のパズルなわけであります。数学をパズルというたら怒られるかもわかりませんが、そういうふうな問題、全てひとつのパズルと考えることができるんです。

それで、どこがおもしろいのかといいますと、大体問題を見てすぐにわかるようなものは、これはあまりおもしろくないわけですね。パズルの中でも、問題を見たとたんにすぐ答がわかるというのは、あまりおもしろくない。苦労をして解ければ解けるほど、大体そのパズルはおもしろいわけであります。場合によりましては、一日、二日、三日、一週間、一か月ぐらい考えて、やっと解けた時というのは非常に嬉しいわけですね。数学なんかやっておられる方が、最初に数学が好きになったのは、そういう時に非常に嬉しかったといわれます。難しい問題を長い時間かけて解けた時に、非常に嬉しかったという経験が多いようであります。

ところがそういう問題を解いておりまして、いくら考えてもわからない。数学の問題でもパズルでも、あるいは詰将棋でも詰碁でも、何でもよろしいですけれども、そういうものを考えておりまして、いくら考えてもわからないという時があるわけです。そのいくら考えてもわからない時に大体私たちは、これは問題が間違っているんじゃなかろうか、この問題は解けないんじゃなかろうかということを、よく考えるわけです。答が示されているものですといいわけですけれども、その答を見た時に、あっ、こういうふうに答を出すのかということがわかるんですけれども、答が示されていない問題というのがたまにあります。そういう問題を、いくら考えてもわからない時には、これはどうも問題が間違っているんじゃないかと、そういうふうによく考えます。

ところが、問題が間違っているというふうに考える場合は、大体その問題に自信がある人がそう考えるわけですね。始めからその問題を見ても全くわからない、という自信の全くない人は、その問題がたとえ解けなくても、問題が間違っているとは考えないですね。問題が間違っているんじゃないかと考える人は、その問題の解き方に非常に自信を持っている。自信を持っているのに、長い間考えても、これは解けない。この問題は、どこか間違いがあるんじゃないか。もともと解けない問題じゃないだろうか、そういうふうに考えるわけであります。

ここでひとつ私の申し上げたいのは、自分のそういう問題を解く力に自信を持っているから、いわばわからないということの責任を、問題の方にかぶせてしまう。自分に解く能力がないと考えずに、問題の方が間違っていると、そういう問題の方に責任をかぶせてしまうということがよくあるわけであります。

仏意測りがたし

話を講題の方に戻しますと、先ほど申しましたように、この「仏意測りがたし」という言葉は、『教行信証』の「信文類」に出てまいります。どういうところに出てくるのかと申しますと、ここでは阿弥陀仏という仏が願いをおこされている。正しくは四十八の願いをおこされているわけですが、その中の第十八番目の願いに三つの心、この心の内容をお話するのが今日の眼目ではありませんので、そういう説明は省きますが、その願いの中に三つの心というものが示されてある。

ところが、後にインドに出ました天親《てんじん》という方、世親《せしん》というふうにもいわれますが、天親とか世親というこの方が、一心ということをおっしゃられました。

そこで親鸞聖人が、問題提起をされたわけですね。最初にまず、阿弥陀如来の願いには三つの心が示されているのに、天親菩薩という方はなぜ一つの心とおっしゃられたのか、こういう問題提起をされて、親鸞聖人はそれにいろいろ、その言葉の意味はああであるとかこうであるとか、いろいろ示して、そしてこの三つの心と示されてあるけれども、それは一つの心に収まってしまうというふうに、まずひとつ答を出されます。これは、阿弥陀仏の願いには三つの心が示されてあるのに、なぜ天親という方は一つの心とおっしゃられたのかという問いを出して、それに答を出されたわけですね。その次にその問いをひっくり返します。どういう形でひっくり返すのかといいますと、その三つの心が実は一つの心であるということはわかった。そうすると、一つの心だったら阿弥陀仏もはじめから一つの心と誓えばいいじゃないか。願いの中にそう示せばいいじゃないかと。なぜ三つの心と示したのかという問いを、もう一度親鸞聖人は出されるわけですね。

そういう問いを出して、その次に「仏意測りがたし」という言葉が出てくるわけでありますす。つまり天親という方、この方は菩薩といわれる方でありますが、天親菩薩がなぜそうしたのかという問いには、親鸞聖人はスッと答えられるわけです。ところが逆に、阿弥陀仏という仏がなぜそうされたのかというこの問いに関しては、スッと答を出さずに、最初に「仏意測りがたし」ということをおっしゃられます。「仏意測りがたし」というのは、仏の心は私たちに測ることはできないという意味ですね。仏の心というものは、それを私たちがいろいろ考えることはできない。但し、そこで終わってしまうわけではないわけでありまして、その後に、

しかりといへども、ひそかにこの心を推するに（註釈版聖典二三一頁）

という言葉を続けていかれます。「ひそかに」は、漢字で書くと「竊かに」なのですが、

この字は非常に難しい文字であります。「推」というのは、推量の推ですね。推し量るという意味です。その前に「仏意測りがたし」であって、「しかりといへども、竊かにこの心を推するに」と続くのです。

「竊かに」という言葉は、非常に難しい文字でありますけれども、この文字を漢和辞典で引いてみますと、いろいろな意味が示されてある中に、「私」という意味が示されてあります。「私也」と、中国の昔の辞書に書いてあるといいます。普通、ひそかにという日本語は、こっそりという意味ですね。ところが、こっそりと考えてみる、こっそりと推し量ってみるというと、あんまり意味が通じないですね。こっそりと考えてみるというふうに、堂々と書物の中に書くというのは、少し意味が通じないわけであります。

昔の学者が、いろいろこの言葉について解釈しているのを見てみますと、私という意味だとしています。その私という意味が、どういう意味かということを、もう少し突っ込んで示しておられる方もおられます。どういうふうに言っておられるのかといいますと、阿弥陀仏の願いというものは、公然とこうなんだと決めつけるべきものじゃない。だからへりくだって、「竊かに」といわれたのだと、こういうふうに昔の学者は解釈をしています。

ですから私の、私の考えによりますと、もし今の言葉に直すならば、「竊かにこの心を推するに」というのは、私なりに仏の心を推し量ってみると、という意味になるんじゃないかと思います。そもそも仏の心というものは、私たちにはわからないものなんだ。しかし私なりに、その仏の心というものを推し量ってみると、こういうことになるだろうということです。そういう意味では、私というのは、公に対する言葉ですね。オフィシャルに対するプライベートという、こういうふうな意味あいだと思います。

なぜこの「仏意測りがたし」という言葉を講題に掲げさせていただいたかと申しますと、これはある意味では、仏教というものに対する時に、非常に大事な姿勢じゃないかと思うからです。仏意というもの、仏の心というものはわからない。もし仏の心について答を出していくにしても、ひょっとすると間違っているかもしれない。私なりにその心を推し量ってみるという言い方は、実は仏教というものに対していく時に、非常に大事な態度ではないかと思うわけであります。

人間が一番すぐれているという立場をとらない

これは何も仏教だけに限らずに、宗教全般にいえることでありますけれども、いわゆる人間は万物の霊長である、人間が一番偉いんだという姿勢では、ある意味では宗教というものはわからないわけですね。自分が偉いと思っているから、わからない問題が出てくると、それがわからないのは、わからない私が悪いんじゃなくて、相手の問題が間違っているんだと、最初にパズルのところで申しましたけれども、自分の力に自信を持っていると、これがわからないのは、わからない私が悪いんじゃない。その問題が悪いんだ、問題が間違っているんだと、こういうふうについ考えてしまいがちになります。

宗教全般そうでありますけれども、当然仏教におきましても、人間が一番すぐれているという立場は決してとらないわけですね。私の理解が一番すぐれているという立場も、もちろんとらないわけであります。人間全体という形で考えましても、人間が一番すぐれているという立場もとらないですし、その中で特に私個人という立場をとりましても、私が一番すぐれているという形は、決してとらないわけですね。これは宗教一般にいえることかと思いますけれども、そういうことが、ひとつ非常に大事な姿勢だと思うわけであります。

昔の学者が、書物を書きます時には、そういう意味では、その書物の題名に非常にへりくだった題をつけますね。例えば『教行信証』という書物、これは『本典《ほんでん》』という言い方もされるんですけれども、その『教行信証』という書物の解釈をする書物、いわゆる解釈書でありますが、解釈書の中に『本典一渧録《いったいろく》』という書物があります。渧というのは雫《しずく》ですね。一渧とはひと雫という意味です。『教行信証』という書物の内容というのは、実は大きな海のような内容を持っている。私が理解できるのは、その中のほんのひと雫ぐらいという意味あいの題をつけてあったりする。あるいは、狭い管の間からのぞいたようなものだと、『管窺録《かんきろく》』という題をつけたり、あるいは『蹄涔記《ていしんき》』という題、蹄涔というのは、牛や馬の蹄《ひづめ》の跡にたまった水ですね。それぐらいのことしか、私にはわからないということです。あるいは、有名な「井の中の蛙大海を知らず」という言葉がありますけれども、井戸の井という言葉と蛙ですね。これを合わせまして『井蛙記《せいあき》』という題をつけてみたりですね。あるいは、『夏炉篇《かろへん》』という題の書物があります。炉というのはいろりですが、これは大体冬に必要なものでありまして、夏の暑い時に炉というのは必要じゃありません。必要のないものを、夏炉冬扇《かろとうせん》といいます。ですから『夏炉篇』という題をつけるのは、これはあんまり役に立たないものですよという意味ですね。

いわゆる国際化という点でいいますと、どうも日本人は自己主張が下手だというふうにいわれます。現代わりあいにましになってまいりましたけれども、自己主張のなくてはいけない場面ももちろんあるわけでありますが、やはり仏教という宗教、しかもその中でも浄土教、浄土真宗というその中では、あんまり自己主張、つまり私の解釈が一番正しいんだとか、そういう自己主張はかえって邪魔になるようであります。その私たちの理解というもの、いわゆる仏というものに対する私たちの理解というものが、実は非常に浅いものである、深いところまでは決してわからないという、ひとつの姿勢を持って対することが、特に仏教に対する場合は非常に重要であります。

仏語に虚妄なし

「仏語に虚妄《こもう》なし」（『執持鈔』註釈版聖典八六五頁）という言葉がありますが、仏の言葉に嘘偽りはないという意味であります。ところが、私たちは自分の能力、特に明治以降の私たち人間というのは、非常に自分の能力に自信を持っておりますので、その自分の能力で考えてみて、いわゆる経典といいますのは、仏の言葉が示されてあるとこういうふうに受けとめられてきたわけでありますが、その経典の内容についても、自分の能力で、私たちの能力で考えてみて、ここはおかしい、ここは間違っていると、こういうことをいう場合が多くなっております。「仏語に虚妄なし」といいながら、こんなことはあるはずがないと考えてしまうわけですね。

ひとつの例をあげますと、いわゆる私たちの親鸞聖人からの流れの中で大事にしてまいります経典というものに、浄土三部経という経典がありますが、その経典の中に阿弥陀仏について説かれてあるわけであります。その中に、阿弥陀仏というのは一体どこにいるのかというと、「ここより西の方十万億の仏土を過ぎたところにひとつの世界がある。これを極楽という。その世界に仏がおられる。その仏を阿弥陀と名付ける」というふうにお経の中に説かれてあります。これはお釈迦さまがそうおっしゃられたといわれているわけですね。

現代人、私たちが当然そうでありますけれども、大体小学校ぐらいの頃から、地球は丸いということを学んでいるわけであります。ただ丸いだけじゃなくて、一日に一回まわっている。一回転している。一年に一回太陽の周りを回る。そういう知識からいいますと、ここより西といいましても、日本から西と、アメリカから西では、これは正反対になる。また、地球の上だけで西だ、西だといっておりますと、地球の周りをグルグルと回るだけでありますね。地球を上から見ますと、円でありますから、円からいわゆる接線方向に西ということになりますと、これはその場所、場所によって西という方角が全く違う。場所によって違うだけじゃなくて、時間によって違うわけですね。六時間たちますと、九十度回転しておりますから、今まで西だったところがその方角が変わってきてしまいます。

そういうふうに考えますと、ここより西の方にひとつの世界があって、そこに阿弥陀仏という仏がおられる。これは昔の科学的知識の全くない人が書いたことなんだから、こんなことは信頼できない。もちろん信用できない。今の言葉でいいますと、これは嘘偽りだと、こういうふうに考えてしまう人もいるわけであります。実際に、そういうことを主張しておられる方もおられます。

ところが先ほど申しましたように、これは仏語という釈尊の言葉の中に出てくる。「仏語に虚妄なし」という立場からいいますと、これは別に嘘偽りじゃない。これが理解できないのは、その仏の言葉の方に問題があるんじゃなくて、実は理解する私の方に問題がある。もし理解できなかったならば、それが理解できない私の方に問題がある。こういう、ひとつの姿勢というものが考えられます。

実はそういうことはとっくの昔に、それこそ議論がすんでいるわけであります。その中でまず、なぜ阿弥陀仏の世界は西にあるのかということまで、昔の学者の間では議論をされております。これはいわゆる東西南北というものがひとつ動かない立場での議論があるわけですけれども、その時には阿弥陀仏の世界がなぜ西にあるのかというこういう疑問は、大体疑問そのものが間違っている。これがもし、経典の中に東にあると説かれたならば、なぜ東かと聞くであろうし、南にあると説かれていたならば、なぜ南かと聞くだろうし、上にあると説かれているならば、なぜ上にあるのかと聞かれるだろう。要するにどの方角で示しても、なぜそこなのかという疑問は必ず出てくる。そういう意味では、この疑問は無意味だと昔の学者はまずそういう示し方をしております。

そこでその次に出てまいりますのは、特に浄土教というものは、仏の言葉というものをそのままいただくということが一番大事なんだと。これがああなんだ、こうなんだという私の方の尺度で、ああであるとか、こうであるとか、これはおかしいというそういう受けとめ方が駄目なんだと。西といわれたら西と受けとめればよろしいという、こういうひとつの解答が示されてあります。

浄土が西方にあると説かれる意味

では、もうひとつあるわけですが、これは中国の道綽《どうしゃく》という方の書かれた『安楽集』という書物に示されてある答でありますが。この私たちの世界では、東が大体生まれる方角だ、西が死ぬ方角だと、こういうふうに私たちは受けとめているというわけですね。確かに東からは太陽が出てくる。月も出てくる、星も出てくる。西の方には、太陽が沈む。月も沈む、星も全部そちらへ沈んでいく。先ほど私たちの立っております地球という世界は丸い世界であって、一日に一回転しているということをいいました。これを私たちは知識として知っているわけであります。しかし、知識として知っておりますけれども、私たちがそう感じて毎日を生きているかというと、これは昔の人も今の人もあまり変わらないいんじゃないかという気がしますね。お釈迦さまの時代の、今から二千年以上の前の人の受けとめ方も、今現在の私たちの受けとめ方も、受けとめ方という点ではあまり変わっていないんじゃないか。大体学生の皆さん方は、朝は不得意でありますから、あんまり朝日が昇ったというのは見たことはないと思いますが、夕日が沈むというのは、これはよく見ることができますね。夕日が沈む時に、私たちがどう感じるのかといいますと、やはりお日様が沈むという感じ方をしておりますね。地球が東へ何度何分か回ったとは感じていません。実際に私たちが小学校あたりから学んできた知識からいいますと、地球が何度何分か回転しただけであって、決して太陽が西へ沈んだわけではないんです。しかしそういうことは、知識としては知っておりますが、受けとめる時は、やはりお日様が西へ沈んだという、こういう受けとめ方しかしておりません。この大地というのは、やはり動かない大地だと、そう感じて実は毎日を生きているわけです。そういうふうに感じている私たちにとっては、やはり東という方角は、そこから太陽も月も星も昇ってくる方角、西というのは、太陽も月も星も全部そちらへ沈んでいく方角です。

そういう受けとめ方からいいますと、私が命を終わっていく方向というのは、どうしてもやはり西だというふうに考えやすいわけですね。命が終わっていく方角、その西という方角に阿弥陀という仏がおられる。ですから、その経典の中で、釈尊がここより西の方にひとつの世界があって、そこに阿弥陀仏という仏がおられるとお説きになったのは、決して地球が動いているからという立場でものをおっしゃったんじゃない。私たちがどう受けとめているかという点からいいますと、東から太陽が昇り、西へ太陽が沈んでいく。そしてその私たちの立っている大地は、動かない大地だと感じている、そう感じている世界での話であります。

私たちは、いろいろな尺度を持っておりますが、小学校以来学んできた地球が回転し、一日に一回回転し、太陽の周りを一年に一回ぐるっと回っているという尺度の世界の中で、西の方に阿弥陀仏の世界があるといわれて理解できないからといって、その言葉が間違っていると考えてしまいますと、自分の方のものの考え方に絶対の自信を持ってしまっているということになります。実は仏にはもっと深い心があって、私がなかなか納得できなかったならば、その納得できない私の方に問題がある。納得できないのは、納得できない教え方に問題があるんじゃなくて、納得できない私の側に問題があるという、ひとつの姿勢というものを持つのが宗教の世界です。いわゆる一般の科学、特に一般の学問というのは、どうしても人間の尺度を中心にものを考えていくわけでありますけれども、人間の尺度も実はいい加減なものであるという世界が宗教、仏教の世界であるということをお話しさせていただいて、今日の法話とさせていただきます。

時間がまいりましたので、このへんで終わらせていただきます。どうもご静聴有難うございました。（一九九三年四月十五日　お逮夜法要）

＊　＊　＊　＊　＊　＊

ご存知の方も多いでしょうが、龍谷大学では毎月十五日に深草学舎でお逮夜法要、十六日に大宮学舎でご命日法要、二十一日に瀬田学舎でご生誕法要が勤修され、お勤めの後教員が交替で法話を致します。そこでさせていただいた私の法話を、ここに収録いたしました。もともと話をしたものをテープをほどいて文章にしたものです。話の場合ですと、話し終えた声は消えてしまいます。ところが文章ですと、読み終えた文字も残っています。文章を読む場合はよく分からないと読み返す事ができますが、話を聴く場合はよく分からないとそれっきりです。ですから、話をする場合は、同じ事を二度三度と繰り返すことにしています。ところが、それを文字にすると、同じ事を何度も何度もしつこいというように感じます。そこで、そのあたりを整理することになります。また、話の場合は、少し主語と述語との関係がねじれても、聴いてる方々には話の流れ、話の勢いで分かるということがあります。ところが、文章として読みますと、主述のねじれがものすごく気になり、そこの整合性をとっていきます。

しかし、あまり手を入れすぎますと、臨場感といいますか、活き活きした流れといいますか、そのようなものが失われてしまいます。適当なところで手を打たないといけないと思っています。このようなことを考えて、テープをほどいた原稿に手を入れているのですが、理想的にうまくできることなどありえません。手を入れ過ぎるか、手を入れ足りないかのどちらかです。一度ある高名な先生の講演のテープをほどいたことがあります。四百字詰原稿用紙五枚分ほど、全く句点がなく、読点ばかりのような文章になってしまいました。そこで、ぶつぶつ文章を切って句点を増やしたものを先生にお届けしたところ、上手にほどいてくれましたと、お褒めの言葉をいただきました。しかし、自分のことになりますとうまくゆきません。

改めて読み返してみて、最近感じていることを付け加えさせていただきますと、私たちが学生の頃は、講義を聴いて分からなければ、こちらが勉強不足であるからだと思わなくてはなりませんでした。ところが近年は、分からない講義をする方が悪いということになりつつあります。大学の講義ではなく、ある学会で目にしたことですが、一般公開のシンポジウムで、聴衆の一人から「あなた方の議論はさっぱり分からない」との発言のあったことがありました。その言い方が、訳の分からない議論をしてけしからんといった雰囲気の発言であったわけです。一般公開はされていましたが、本来は学会のシンポジウムなので、少し話題が専門的になったかなという感じは受けていました。通りがかりに入ってきた人には、理解できない話の展開であったのかも知れません。しかし、私の受けた正直な感想は、分からないといって威張ることはないだろうというものでした。いろいろな人を見ていますと、この人はひよっとするとお釈迦さまに対しても、もっと分かりやすく話をしろ、分からせないお前の話し方が悪いといいかねないのじゃないかと思わせる人もいます。確かに、意味不明の講義をする人もいないではありません。おそらく、本人以外は誰にも分からないのではないかと思わせる話もないではありません。しかし、百人の中の一人でも分かれば素晴らしいという話もあるでしょう。また、その時は分からなくても、年を重ねて肌にしみこむように分かってくる話もあるでしょう。インスタントに分かる話は、インスタントに忘れてしまうような気がします。

なお、この法話をさせていただいた時には、お逮夜法要は講義の時間を振り替えて勤修されていたのですが、現在は大宮学舎のご命日法要のみ、講義の時間を振り替えて勤修されていますが、深草学舎のお逮夜法要と瀬田学舎のご生誕法要とは、午前の講義をほんの少し早く切り上げて、昼休みの時間に勤修されています。法要の位置づけが軽くなったようで残念です。

真実の尺度

いろいろな判断を下す尺度

皆さん、お早うございます。今期最初のご命日法要に、ご法話せよということを仰せつかりまして、お話させていただくことになりました。私、学生の頃は、必ずそちら側に座っておりましたので、この壇の上に立ってお話するのは初めての経験でございます。

今日はご命日法要でございますが、ちょうど四年前、やはり四月でございますが、深草のお逮夜《たいや》法要でお話させていただくご縁をいただきました。その時には、お逮夜法要なのに、なぜ午前におつとめされるんだろうと、少し疑問に思ったこともございます。今日は、ご命日法要でございますので、お日中のおつとめということになるかと思います。

上からお話させていただきますと、先生方のお顔が並んでいまして、少し話がしにくいわけでございますが、別に研究発表ではございませんので、独自の話をする必要は全くないわけでございます。研究発表でございますと、人の話をそのまま受け売りいたしましたら、よくないわけでございますが、ご法話の場合は、受け売りで十分だということで、その分少し気は楽になっております。ある意味では、師説の受け売りという形になるかもわかりません。有名な孔子が『論語』の中で、「述而篇《じゅつじへん》」でございますが、「述べて作らず」ということを言っておりますので、作る話ではなくて、聞いた話を述べる。孔子の顰《ひそ》みにならってお話させていただきたいと思います。顰みにならうわけですから、語義通りみっともないことになるかもわかりません。

さて「真実の尺度」という講題を掲げさせていただきました。一体どういう意味で、この講題を掲げさせていただいたかと申しますと、私たち、毎日の生活はもちろんでございますが、いろいろな場面において、一つひとついろんな判断というものを下してまいります。善であるとか、悪であるとか、いろいろな判断をする。損であるとか、得であるとかいうような判断もあるでしょう。そういう、いろいろな判断を下してまいりますが、その中に当然、真実である、真実でないという判断も、私たちは、いろいろな場面において下しているわけでございます。その場合に私たちが、これが真実であり、これは真実ではないんだという判断を下します場合に、一体何を尺度として、真実であるとか、真実でないということを決めているんだろうか、これを少し考えさせていただきたいわけでございます。

この何が真実か、何が真実でないかというこの尺度でございますが、仏教で一般的に申しますと、まずやはり仏説ということが、ひとつの尺度になっているんじゃないかと思います。今日は、仏教学の先生もおられますので、あまり仏教一般のことについて、偉そうなことは言えないのですが。

最近、最近ではないのかもわかりませんが、本学の名誉教授でもあられますし、元学長もされました武邑尚邦和上が、仏教の基本の形は、信解行証《しんげぎょうしょう》であるということをおっしゃっておられます。そして、最近、武邑和上がおっしゃっておられますのは、仏教の基本は信解行証であるにもかかわらず、親鸞聖人の浄土真宗の教義というものは、教行信証という構造になっている。仏教が信解行証であるのに、なぜ教行信証なのかという問いかけをよくしておられます。

信解行証と申します場合に、一番最初の信といいますのは、これはいうまでもなく仏説に対する信頼だということでございます。平たく申しますと、お釈迦さまのいうことは本当だと、こういうことですね。そういう信頼、これがまず出発点です。お釈迦さまのいうことが本当だということが出発点だといたしますと、やはり仏教徒にとりましては、真実か真実でないかということは、仏説に説かれている、仏説の中にある。お釈迦さまが、そうお説きになったということ、これがひとつ、真実の尺度として考えられるんじゃないかというふうに思うわけでございます。

もちろん仏教全体と申しますか、そういう中では、真実ということは、第一義諦《だいいちぎたい》というようなことも当然いわれるわけでございます。けれども、私たちにとりましては、第一義諦というようなことはわからない世界であります。私たちにわかる具体的なところで出されてくるものと申しますと、これはお釈迦さまの言葉、仏説という形で提出されているんじゃなかろうかと、こう思うわけでございます。この信解行証ということは、仏説に対する信頼、そしてその仏説の理解、そして理解に基づく実践、実践の結果と、こういうことではないかと思うわけでございます。

地図を信じる心

最近、こういう話をさせていただきます時に、こういう場面ではなくして、一般のお寺などのご法座では、わかりやすいようにお話をします。仏教では、悟りを求めていくことを、よく山に登っていくことに喩えられてまいります。そういう場面において、まず私はわかりやすいように、教えというのは、これはいわばその山の地図なんだと、こういうふうに申しております。山の地図というものがある。しかし山に登るにあたっては、その山の地図、これは正しいんだと、こういう信頼が最初になかったら、これはとても山へ登れないというわけです。ひょっとすると、この地図は間違っているかもしれない、本当の道とは、違ったことになっているかもしれない、そういうふうに思っておりましたならば、これはもう山へ登ることはできないわけであります。そういう意味では、一番最初にその地図に対する信頼、この地図は、この山の道を正しく示してある地図なんだと、そういう信頼をもっておりませんと、当然山登りということは成立いたしません。

もちろんのことながら、信頼を持つだけでは駄目で、今度は、その地図の内容というものに対して理解をしていかなくてはいけません。地図には、特有の記号というようなものもございますし、そういう記号が何を意味しているのか、あるいは自分の歩くべき道というのは、一体どういうふうになっているのか、地図の場合で申しますならば、地図の上での一センチは、実際の何キロぐらいにあたるのかとか、そういうことも含めまして、地図に対する理解というものがその次にないといけません。

地図を信頼して、地図を一所懸命勉強いたしましても、それだけでは、いつまでたっても山の頂上へ到ることはできないわけで、現実的には、その地図を見て、信頼して、そして理解して、そしてそれに従っていよいよ歩き始めるということがないと、頂上へはたどりつかないわけであります。そういうことで、それが行にたとえられるのでしょう。最終的に歩いていくことによって、地図に従って歩いていくことによって、頂上へ達する。それが最後の証であり、これが信解行証ということではなかろうかと思うわけです。

こういうふうな形で、わかりやすく説明するようにしております。あくまでも喩えは、一分でございますので、全部を完全にたとえるような喩えはないわけでございます。そういう喩えをよくしております。ここにおきましても、やはり一番最初、いわば真実の尺度、仏教におきましての真実の尺度、それが仏説であるというふうに申しましたことの意味が、ひとつ現れているのではないかということができるわけです。

虚仮諂偽にして真実の心なし

ところで、親鸞聖人は、一体どういうお立場であったのかということでございますが、まず親鸞聖人のところで、ひとつ押さえておかなくてはいけないのは、私たちの側には一切真実がないということです。有名な『御本典《ほんでん》』の「信文類」、三一問答の法義釈のところでございます。

一切の群生海、無始よりこのかた乃至今日今時に至るまで、穢悪汚染《えあくわぜん》にして清浄《しょうじょう》の心なし、虚仮諂偽《こけてんぎ》にして真実の心なし。（註釈版聖典二三一頁）

と、親鸞聖人はお示しになっておられます。あるいは、『正像末和讃』の中でも、

浄土真宗に帰すれども　真実の心はありがたし
虚仮不実のわが身にて　清浄の心もさらになし（註釈版聖典六一七頁）

というふうに、私たちの側には、真実の心というものは全くないんだと、こういうふうにお示しでございます。これはいうならば、これが真実であり、これが真実ではないと、そういう判断をするような尺度を、私たちは持っていないという意味になるんじゃないかと思われるわけであります。

日常生活の中で、あるいは世間のことにおいて、真実であるとか、真実でないという判断をする時、私たちは何らかの物差しを持っております。しかし、今の親鸞聖人のお示しは、真実であるか、真実でないかという、そういう問題において、私たちの物差しは、もともと間違っているんだというお示しである、こういうことになるんじゃないかと思います。真実である、真実でないということは、当然何か物差しをあてまして、それにあてて、それにあったものは真実だ、あわないものは真実でない。こういうふうな形で判定していくわけですが、物差し自体が間違っておりましたならば、その物差しで真実であるかないかというようなことは、判断できないというわけでございます。

これは、何も真実である真実でないということだけではなくして、たとえば『歎異抄』

の中で、親鸞聖人は、

善悪のふたつ、総じてもつて存知せざるなり。（註釈版聖典八五三頁）

といわれています。その後に、

そのゆゑは、如来の御こころに善しとおぼしめすほどにしりとほしたらばこそ、善きをしりたるにてもあらめ、如来の悪しとおぼしめすほどにしりとほしたらばこそ、悪しさをしりたるにてもあらめど、（註釈版聖典八五三頁）

と、如来が善と見通すほどわかったならば、善がわかり、如来が悪と見通すほどわかったならば、悪とわかるであろうけれども、如来のようには善悪はわからないんだから、私たちには善悪がわからないという説明がつけ加えられております。

これも考えてみますと、私たちは、善悪を正しく判定する物差しをもっていないという意味になってくるかと思われます。私たちの側には、真実を判定する物差しがないんだというのは、仏教の中では当たり前のことのようでございますけれども、つい私たちは、それを忘れがちになります。特に学問というような形で、真宗というものを対象にしておりますと、真実である真実でない、本当か嘘かと平たく言った方がいいかもわかりませんが、本当か嘘かということを判断してまいります時に、知らず識らず、私たちは、自分の尺度で本当か嘘かというような判断をしている場合が多くあります。これは学問という世界で、たとえば、あるひとつの論文が出た場合に、そこに書かれていること、それが本当であるか嘘であるかというような判定をいたします場合に、どうも知らず識らず、私たちは、自分の判断力というようなものを信用いたしまして、それによってつい判断を下してしまうというようなことが起こりがちでございます。

主体的という考えの危うさ

それともうひとつ、私たちが親鸞聖人のみ教えというものを受け入れてまいります場合によく使われる言葉、そんなに古くからある言葉では当然ございませんが、よく使われる言葉に、「主体的」というような言葉がございます。この主体的という言葉は、よく使われるんですけれども、一体どういう意味なのかということが、私にはよくわからないのです。場合によりますと、使っておられる人々、それぞれなにか少しずつ違う意味で使っておられるんじゃないかという気もすることがございます。

この主体的というような言葉が、たとえば、また『歎異抄』を例にいたしますと、

弥陀の五劫思惟の願をよくよく案ずれば、ひとへに親鸞一人がためなりけり。（註釈版聖典八五三頁）

と、阿弥陀如来のご本願が私ひとりのためのご本願であったと、こうお述べになる親鸞聖人のお言葉があります。これは、他人事というふうに聞くんじゃなくて、私のための願いとして聞くということです。これは当然、「信文類」の、

衆生、仏願の生起《しょうき》本末《ほんまつ》を聞きて疑心あることなし、（註釈版聖典二五一頁）

と、親鸞聖人がおっしゃられました、その「仏願の生起」にあたってくることかとも思われます。

これを、自分の力では決して迷いの世界を抜け出すことのできない、そういう私がここにいる、そのために阿弥陀如来がご本願をおこして下さったのだと、他人のためではなくして、私のためなんだと、そう受けとめていく世界、これを主体的という言葉であらわしていくのならば、それはよくわかるわけでございます。

しかし、何か場合によりましては、この主体的という言葉が非常に便利に使われてまいりまして、何か基本的に私はこう思うんだから、私は親鸞聖人の教えをこう受けとめるんだからというふうに、自分がどう受けとめるかということを、これをただ単に主体的という言葉で表している場合が時にあるように思います。私がどう受けとめるかということは、もちろん大事なことであるわけです。しかし、私がどう受けとめるかということの方を、親鸞聖人がどうおっしゃっておられるかということに優先させてしまいますと、それはち

ょっとまずいんじゃないかと思われます。やはりあくまでも、親鸞聖人がどうおっしゃっておられるかということが、先にあるわけでございます。ところが、親鸞聖人がこういうふうに、お聖教の中でこういうふうにおっしゃっておられるということよりも、私の受けとめ方を優先させる場合が時にあるように思います。

やはりこれは、真実であるか、真実でないかということを判定するような尺度が、私の中には全くないんだというようなことがちょっと忘れられているんじゃなかろうかと、そういう気もするわけでございます。

先ほど、仏教では一般的に、仏説、お釈迦さまのお言葉ということになるかと思いますが、お釈迦さまのお言葉が、真実であるか真実でないかを判定する、ひとつの物差しになるということを申し上げましたのですが、そういう中におきましては、私の理解ということよりも、当然仏説の方が優先します。真実であるかないかを決めていく場合には、仏説の方を優先するわけであります。私の常識で判断して、この仏説、経典に書かれてあることはどうもおかしいという姿勢は、仏説こそが真実であるかないかの判定の基準であって、私の方には、その基準はないんだということとは、逆の姿勢になってくるということも申せます。学問的な場面から申しましたならば、そういう場面も出てくるかもわかりませんですが、いわば仏教徒という立場、そういう立場の中においては、仏説に対する信頼、仏説が真実であるかないかの物差しなんだということは、やはり大事なことであるかと思われます。これにいたしましても、結局私の中には、真実であるかないかを判定する尺度がない、私の中にその尺度を求めていくんじゃなくて、仏説ということに求めていく。こういう立場でございます。

阿弥陀如来と釈尊の関係

ところで、親鸞聖人におきまして、どうでしょうか。御本典《ほんでん》は『顕浄土真実教行証《けんじょうどしんじつきょうぎょうしょう》文類《もんるい》』でございますが、この「顕浄土真実」といわれるその真実、あるいは「化身土《けしんど》文類」の、「顕浄土方便化身土文類」とおっしゃられた方便ということ、あるいは「化身土文類」の中に顕わされてまいります仮、ないし偽というようなもの、そういう判定を親鸞聖人は、仏説の中にはたして求められたのであろうか、仏説をその判定の尺度とされたのであろうかということでございますが、どうも少し違うようでございます。

これは親鸞聖人のお示しの仕方でございますが、私たち浄土真宗におきまして中心となる如来さまは、いうまでもなく阿弥陀如来でございます。その阿弥陀如来と釈尊の関係を、親鸞聖人がどのように位置づけられておられるのか。先ほどの仏説ということが真実の尺度という、そういう立場から申しますと、この場合の仏というのは、当然釈尊でございます。釈尊が、阿弥陀如来のことを説いておられるのです。釈尊のお言葉が真実なんだから、当然その中に説かれている阿弥陀如来の存在、もしくは阿弥陀如来のご本願、そういうものが真実なんだと、こういう順序になってまいります。もう一度申しますと、仏説が真実であるといった場合には、当然その仏は釈尊でございます。釈尊の説ということが真実の尺度であるという立場で申しますと、釈尊がお説きになったその経典の中に、阿弥陀如来のご本願と、その本願の完成というようなことが説かれてある。だから、阿弥陀如来のご本願も真実であり、阿弥陀如来の存在も真実である。こういう順序になってくるかと思います。

ところが、親鸞聖人の順序は、どうも逆のように考えられます。真実なる釈尊の言葉の中にあるから、阿弥陀如来のご本願が真実なんだと、こういう方向ではなくて、阿弥陀如来のご本願が真実であるから、それをお説きになった釈尊のお言葉が真実だと、どうもこういう順序のように思われます。

ところで、七高僧の上で申しますと、釈迦仏、阿弥陀仏というこの二尊を並列してまいりますのは、善導大師《ぜんどうだいし》に非常に多いわけでございます。その善導大師が、釈迦仏、阿弥陀仏という二尊を出してこられます場合に、並列されます場合に、必ず釈迦、弥陀というこういう順序でございますね。釈迦が先にきて、弥陀が後に出てきます。

この順序の基本になっておりますのが、有名な二河白道《にがびゃくどう》の喩えでございます。二河白道の喩えで、東の岸つまり、この世界から釈尊が行けとすすめられる。西の岸、つまりお浄土から阿弥陀如来が、来いとお呼びになる。この順序といたしましては、当然お釈迦さまが、先にこの世界から行けとおすすめになり、そして阿弥陀如来がお浄土から、来いとお呼びになる。お釈迦さまが行けとおすすめになるということは、これはお釈迦さまの教え、いわゆる教であります。阿弥陀如来が来いとおっしゃられる。来いとお呼びになる。これも親鸞聖人は、善導大師もそうでございますが、弥陀の願意《がんい》に喩える、阿弥陀如来の願いのお心に喩えると、こうお示しになっておられます。この順序の中では、当然先にやはり教えというものがあって、その教えの中で阿弥陀如来のご本願というものが説かれてくるという順序になってまいります。そういう意味で善導大師におきましては、必ず釈迦、弥陀と、こういう順序でございます。

ところが、親鸞聖人が、この二尊を並列して出してこられる時には、若干の例外を除きまして、基本的に弥陀、釈迦という順序になってまいります。阿弥陀如来の方が先に出てきます。阿弥陀如来が先に出てきて、それからその次に釈尊がこうおっしゃられたということが出てくる、そういう順序になっております。先哲は、これを法門縁起《ほうもんえんぎ》の次第と、こういう言い方をしております。救いの構造から申しますと、阿弥陀如来がまずご本願をお立てになって、そしてその内容をお釈迦さまがお説きになったということです。私たちが触れる順序からいいますと、教えというものに先に触れて、その中にご本願があるということになるわけですけれども、救いの構造から申しますと、まず阿弥陀如来のご本願が先にあるということになります。そういう意味から申しましたならば、三部経の中でいわゆる『無量寿経』の開説と申しますのは、これは第十七願成就の相だと、こういうふうにいわれております。あるいは『観無量寿経』の開説につきましても、親鸞聖人は、「化身土文類」で、

釈迦牟尼仏、福徳蔵《ふくとくぞう》を顕説して群生海《ぐんじょうかい》を誘引し、（註釈版聖典三七五頁）

と、こうお示しになって、そして続けて、

阿弥陀如来、本誓願《もと》を発《おこ》してあまねく諸有海《しょうかい》を化したまふ。（註釈版聖典三七五頁）

と述べられます。ここに「本（もと）」という言葉が出てまいります。これは『阿弥陀経』につきましても同じことでございまして、「化身土文類」に、

釈迦牟尼仏は、功徳蔵《くどくぞう》を開演して、十方濁世を勧化したまふ。阿弥陀如来はもと果遂《かすい》の誓を発して、諸有の群生海を悲引したまへり。（註釈版聖典三九九～四〇〇頁）

と、「もと（本）果遂《かすい》の誓を発して」と、同じく「本（もと）」という言葉が出てまいりま

す。つまり、釈尊の教えというものは、これは何れも阿弥陀如来の願いを源としている、阿弥陀如来の願いを源として釈尊の教えというものがそこから流れ出てきたんだと、こういう見方をしておられるのが、親鸞聖人のお立場だということができます。そういうところで申しますと、真実か真実でないかという尺度は、親鸞聖人におきましては、阿弥陀如来のご本願ということが、これがまず基本であったと、こう考えられます。

また『歎異抄』を出してまいりますと、有名な第二条の説示でございますが、

弥陀の本願まことにおはしまさば、釈尊の説教虚言なるべからず。（註釈版聖典八三三頁）

とのお言葉があります。つまり釈尊の教えが嘘ではないということを保証するのは、阿弥陀如来のご本願が真実だということ、これが根拠になっているわけですね。先ほど申し上げました、仏説ということを、まず真実であるかないかの尺度におくという立場は、仏説が真実であるから、そこに説かれているご本願が真実だという立場であったわけですが、この『歎異抄』にあらわされております立場というのは、ご本願が真実であるから、仏説が真実なんだと、こういう流れになってまいります。つまり親鸞聖人におきましては、真実か真実でないかの尺度は、あくまでもご本願というものにある。ご本願によって、真実か真実でないかということが判定される、こういうふうに考えることができるわけですね。

本願の真実がすべてのもと

そういう意味から考えまして、たとえば『観無量寿経』『阿弥陀経』には、隠顕《おんけん》があるわけですけれども、『無量寿経』を真実の教と「教文類」の最初にお示しになり、『観無量寿経』『阿弥陀経』を方便の教と、こうお示しになったその意味と申しますのは、やはり『無量寿経』にはご本願、つまり第十八願があらわに説かれてある。それに対して『観無量寿経』『阿弥陀経』には、ご本願があらわに説かれていない。これはいわば、ご本願があらわに説かれているか、説かれていないかということが、真実かそうでないかということの基準にされていかれたと、こういうふうに考えることができます。

教えと申しました場合に、仏教一般でも当然そうでございますが、教えと申しますと、これは当然釈尊に属することでございます。釈迦、弥陀というふうに申しました場合には、教えは、釈迦に属する。これは真宗でも同じでございまして、基本的に「教文類」、これは釈迦に属すると、こういいます。いわば、釈迦はこの世界の教主、教えの主であり、阿弥陀如来は、救い主だというのが、これが真宗の立場かと思います。

しかし、その親鸞聖人におきましても、教えということを弥陀に属しておられる場面がございます。これは、「行文類」の六字釈のところでございます。六字釈のところで、「教なり」という言葉が出てまいります。その「教なり」という言葉につきまして、こういうふうにいわれております。わかりやすいのが、食べ物の喩えでございます。食べ物、ここに非常においしい桃というものがあるとする。そこに、その桃について、この桃は非常においしいよと、こういう教え方をする。この教えが釈尊の教えであり、その教えに従って、その桃を食べる。桃を食べた場合に、実際にその桃のおいしさというものを教えてくれたのは、実は桃が教えてくれたんだということです。桃がおいしいよと教えてくれた人は、「その桃がおいしいよ」と、この言葉で教えてくれた。指し示してくれたわけですけれども、本当の桃の味わい、おいしさの味わいを教えてくれたのは、桃自体が教えてくれるんだと、こういうふうな喩えが使われております。

阿弥陀如来のご本願が真実であるという釈尊の教え、そしてそのご本願が真実であるかないか、本当の真実の味わいというものは、実はご本願そのものが私たちに教えて下さるんだと、これが六字釈のところで「教なり」というふうに示されている、親鸞聖人がお示しになっておられる意味なんだと、こういうふうにいわれております。

そういう立場から申しますならば、こういう喩えをさせていただきます。最近はグルメブームでございますが、どこそこの店の何々がおいしいというような、そういう書物がたくさん出ております。そういう書物を読みまして、書物というほどの大袈裟なものではございませんけれども、そういうものは、どこそこの店の何々がおいしいと書いてある。じゃあ一ぺん食べにいこうというようなことがよくあるわけでございます。そういう場合に、どこそこの店の何々がおいしいと、この有名な本に書いてある、だからこの店の何々はおいしいはずだというのは、これはまさにその書物と申しますか、パンフレットと申しますか、それに対する信頼であるわけです。それを信用しているということになります。ところがそれにとどまっているだけでは、やはり駄目でありまして、実際にそのパンフレットに書いてある店に行って、実際に味わって、本当においしかったと思うとします。先ほどのお話で申しますと、そのおいしさを教えてくれたのは、その料理自体が教えてくれるわけでございます。本当においしかったと味わったこの人にとりましては、そのお店の料理は、確かにおいしいから、このパンフレットに書いてあることは本当だと、こういう順序になってくるはずです。まだ食べに行っていない人は、このパンフレットに書いてあることが本当だったら、あの店の料理はおいしいだろう。このパンフレットは、大体信頼がおけるから、あの店の料理はおいしいはずだ、いやおいしいんだと、こういうことになります。順序はどちらが基準になっているのか、パンフレットが基準になっているのか、それとも料理の味が基準になっているのか、こういう違いが出てまいります。

親鸞聖人は、まさにご本願が真実であるから、釈尊の教えが真実であると、こういう順序であるわけですから、まさに本願と出遇《あ》い、そしてそのご本願によって、そのご本願がいかに真実であるかということをご本願によって知らしめられ、そしてそこから真実か真実でないかという発言が出てきた、こういうふうに考えさせていただくことができます。

もう少しお話させていただきたいこともあるわけでございますが、時間もまいりました。少し中途半端ではございますが、お話をおわらさせていただきます。どうもご静聴有難うございました。（一九九七年四月十六日　ご命日法要法話）

＊　＊　＊　＊　＊　＊

ご命日法要の法話ですから大宮学舎で話をしました。私の記憶では、この話は本館講堂ではなく、図書館講堂（修復で今はもうありません。図書館は、現在も修復中で大変立派に変身しつつあるのですが、古い図書館を思いおこしますと、なんとなくノスタルジアにかられます）での話であったと覚えています。

このお話の基本的な発想は、阿弥陀仏の本願が真実であるか否か、私が判定してやろうという姿勢は大間違いだということにあります。このような言い方をしますと、とんでもない、そんなことは考えたこともないという返事が返ってくるでしょうが、本願が確かに真実であるということをもっと説明してほしいと言われることがあります。その説明を聞いて納得するかどうかを判断するのはその人でしょう。つまり、ご本願の真偽を判定するのは自分だということになります。また「本当に浄土があるなら見せてみろ」というのも、同じ姿勢でしょう。見えるものは確かに存在する、見えないものは存在しないかもしれないというのも、存在・非存在の判定の基準を自分自身に置いているということでしょう。本来、このような人間の傲慢さを照破するものこそが阿弥陀仏の光明なのではないでしょうか。このような発想が背景にあります。ただし、このような発想は「仏意測りがたし」にもありました。

もう一点は、ある仏教学専門の方から、仏教学の発想では、釈尊の説法の中に阿弥陀仏が登場するという意味で、「釈尊から阿弥陀仏」という順序ですが、真宗学では「阿弥陀仏から釈尊」という順序なのですね、といわれたことが背景にあります。恩師村上速水先生の『親鸞教義の研究』の第二節に、釈迦・弥陀二尊の配列の順序についての考察がなされています。この法話の論旨は、基本的にそれによっています。

なお、仏教学専門の方の発言を考えなおしてみますと、じゃあ大乗仏典は釈尊滅後相当後の時代に成立したものだという点からいえば、どうなるのだろうという気もしました。法話の中の譬喩でいうならば、食通で名高い某氏執筆とされているパンフレットが、実はゴーストライターの手になったものだということが判明しても、実際に食べておいしいと感じた人にとっては、何も問題は生じないということもいえると思います。阿弥陀如来のご本願が真実であると実感した人にとっては、たとい『無量寿経』が文字通りの意味で釈迦金口《こんく》の説法ではなくても、本願の真実性は揺るぎもしないということができると思います。

恩師を偲ぶ

教えをいただいた多くの先生

皆さん、こんにちは。ただ今ご紹介いただきましたように、「恩師を偲ぶ」という題で少し時間を頂戴いたしたいと思います。三十分程度と言われておりますので、十一時四十五分か五十分頃までということになります。

「恩師を偲ぶ」という題を出させていただいたわけでございますが、先ほどもそちらで、先生の恩師はいったいどなたに当たるんでしょうかというようなご質問を受けたりもいたしました。恩師というのに、いろいろな考え方があるかと思います。有名な吉川英治氏は、「我以外みな我が師」ということを座右の銘としていたようです。自分以外は、みな私の先生であるということです。

私は、真宗学というものを一応私の専門としておりますが、専門以外の分野ということになって参りますと、いろいろな先生方に教えていただかなくてはいけません。あるいは同じ専門であったといたしましても、その真宗学の中で分野がちょっと違いますと、そういう先生に色々教えられるところがあります。全く同じところを取り扱っておりましても、少し観点が違うということで教えていただくこともあります。そういう意味から申すならば、本当に自分以外はみな私の先生だというふうに受けとめていくことができます。

確かにそうであるわけです。知識でと申しますか、知性としてはまさにそういうことはよく解るわけでありますが、なかなか感覚的に自分以外の者がみな私の先生だと受けとめるのは、難しい面があります。自分と同い年あるいは自分より年上の先生、あるいは年下であったとしても非常に秀でているというふうに受けとめた方ですと、本当に先生と頭が下がるんですが、自分以外はみな先生だということになりますと、極端なことをいうならば自分の子供も私の先生だということになります。理屈としては確かにそういうところはあるかと思いますが、なかなか自分の子供に頭が下がるというわけにはまいりません。

そういう中で、やはり私の先生と位置づけることのできる方々は、たとえばこの龍谷大学では、学部の時に演習でお世話になった山本仏骨先生、私がマスターの一回生を終わりました時点で、定年でおやめになっていかれました。それから、大学院からお世話になりました村上速水先生。その後、勧学寮《かんがくりょう》というところに少し勤めておりましたが、直接上に居られました灘本愛慈先生。あるいは、その時勧学寮頭をしておられました瓜生津隆雄先生。本当にいろいろな先生方に教えをいただいたわけであります。ただ単に教壇の向こうに立っておられる先生ということではなくて、個人的にいろいろ、それこそ片言隻語に至るまで教えをいただいた先生方であります。その中でもやはり、村上速水先生を私の恩師と位置づけることができると思います。

恩師との別れの悲しさ

村上速水先生は、ちょうど今年（二〇〇〇年）の三月十四日にご往生になられました。先生は、昭和六十二（一九八七）年に龍谷大学をご退職になられましたので、真宗学の先生方の中には当然ご承知の方も多いかと思いますが、学生の皆さんでは先生のことを直接存じ上げるという方はまずおられないかと思います。昭和六十二年、ちょうど一九八七年でありますので、今から十三年前ということになります。先生は大学をご退職になって、すぐ鹿児島の御自坊のほうへお帰りになっていかれたわけであります。途中ご実家の岡山など、その他お嬢さんの嫁ぎ先などをお訪ねになりながら帰っていかれましたので、新幹線でした。門下生が、みな新幹線のホームまで見送りにまいりました。本当にそのとき感じたことは、関東の親鸞聖人が京都にお帰りになるときに、それを送る関東の弟子方の気持ちはきっとこんなものであったろう、ということでありました。

しかしながら、それまではほとんど毎日、本当にお会いしたいときにはいつでもお顔を拝見に出かけられたのが、遠く鹿児島の地に帰って行かれたという別れも、それなりに寂しいものがあったわけでございますが、本当にこのたびはこの世での別れということになりました。私事ではございますが、ここにちょうどこの場所で話をさせていただきますのが、昨年の安居《あんご》の時以来でありました。その時に開繙式《かいばんしき》と申します最初の日と、次の二日目に、ちょうどその辺り、私から見て左の辺りに村上先生が座っておられたお姿というものを思い起こすところであります。今年三月ご往生になられて、本当にそのとき別れの悲しみというものを感じたわけであります。私は、僧侶といたしまして、そういう場面においては、この世での別れは悲しいけれども、必ずまた会える世界があるという話をいつもさせていただいております。しかしその時の感じ方と申しますのは、確かにまた会える世界を私たちは持っているんだけれども、やはりこの世での別れは本当に悲しいということを、感じさせていただいたわけであります。

釈迦涅槃図というものがあります。もう十年以上前でありますが、敦煌の莫高窟《ばっこうくつ》でその図を拝見いたしまして、非常に感動した覚えがあるわけです。釈尊入滅の場面、周りにいろいろな方々が集まっておられます。その中で、一部の方々は本当に嘆き悲しんでいる。

しかしまた、別の一群の方々は、逆に平静な顔つきで釈尊の入滅というものを見送っている。この違いはいったいどこから生まれてくるのか、ということがあります。そこで、本当に身も世もなく悲しんでいる方々というのは、声聞《しょうもん》というふうに位置づけられる人々です。それはつまり、どういうことかというならば、この釈尊という仏を、肉体を通じてしか受けとめることのできない、そういう人々であるといわれております。そしてそれに対して、静かに平静に冷静に、冷静にといいますと語弊があるかも解りませんが、平静に見送っておられる方々というのは、菩薩といわれる方々であります。仏陀の本質というのは悟りそのものである、法身常住《ほっしんじょうじゅう》というふうにもいわれますように、悟りそのものというのは、何時でも何処にでも存在するものであり、そしてその悟りそのもの、真実そのものこそが、釈尊という仏陀の本体なのだということを十分に理解している人々は、その釈尊との別れというものを、いうならば夢・幻のような別れに過ぎないと受けとめていくことができるので、平静な姿をしているのだと、このようにいわれております。

そうであるとするならば、やはり私は、決して菩薩ではあり得ないということを感じたことです。念仏者は、大乗菩薩道を歩まなくてはいけないというようなことを言われたりもいたしますが、なかなか、そういう本当に大事な恩師との別れに際して、これはほんの一時の夢・幻のような別れなんだというふうには、とても受けとめることのできない、そういう私であったと感じておりました。覚如上人《かくにょしょうにん》も、凡夫というものにとっては、別れというものはやはり悲しいんだということをお示しであります。改めてそういうことを、感じさせていただいたことであります。

しかし、ただ悲しいということだけではなくて、恩師村上速水先生の教えというものを受けた私たち一人ひとりが、その教えというものを受け継いでいかなくてはいけないと、またこのようにも思ったわけです。確かに別れは悲しいことであったわけでありますが、一面しかし、別れに涙することのできると申しますか、別れに涙する師と出会えたということは、本当に幸せなことであったのではないかと、こう感じていったことであるわけです。その別れに涙する師ということで、その先生の教えということを、弟子の一人といたしまして、私なりにやはり受け継いでいかなくてはいけないと、改めて思ったところであります。

村上先生の学風

そこで、村上先生の学風ということでありますが、二つの点で押さえることができるかと思います。

ひとつは、文を文の如く解釈すると、村上先生は、こういうふうにおっしゃっておられました。真宗学というものが何であるのか、いろいろな受けとめ方があるかと思いますが、私にとりましては、結局親鸞聖人の教えとは何であったのかということを明らかにしていく作業というふうに理解をしております。そして、その親鸞聖人の教えというものを明らかにしていくに際しまして、親鸞聖人の言葉というものを本当にその言葉通りに解釈していく、言うならばそこには私の主観というものを交えないで、いくら私が納得できない言葉であったとしても、その言葉通りに解釈をしていくということが、ひとつの大事な姿勢であるということを常に教えていただきました。

そしてもうひとつは、ある意味では、それと反する立場であるといえるわけですが、親鸞聖人の言葉というのは、村上先生の言葉を借りるならば、本願海に帰入しての言葉である。言葉を換えていうならば、宗教的体験を表現した言葉だということであります。

ただ単に、言葉をその言葉通りに緻密に解釈していくというのは、それだけに止まりますと、ただの解剖ということになってしまいます。解剖ということは、決して生きたものを解剖するというわけではございません。あくまでも、死体を解剖するに過ぎないということになります。しかし逆に、そういう言葉の、文を文の如くに解釈するという作業をおろそかにして、ただ体験的に理解していこうというだけであるならば、それは砂上の楼閣になってしまう。ただ自分が、そう思うだけになってしまいます。

ということで、これを両立していかなくてはいけないということを、村上先生は常に口にしておられたわけであります。

そしてもうひとつ、村上先生の持っておられた問題意識といたしまして、浄土真宗も仏教であるということがあります。ややもすると、浄土真宗は他の教えとは違うのだという、その違い目だけが強調され過ぎまして、うっかりいたしますと仏教の圏内から逸脱してしまうような、そういう解釈もないではないということを、村上先生はまた非常に憂慮しておられたということがあります。一例を挙げさせていただきますと、村上先生は「無明《むみょう》」という問題をひとつ取り上げておられます。

あまり時間がありませんので、詳しいことは申し上げることはできませんですが、たとえば「正信偈」のご文の

摂取の心光、つねに照護したまふ。すでによく無明の闇を破すといへども、貪愛《とんない》・瞋憎《しんぞう》の雲霧、つねに真実信心の天に覆へり。たとへば日光の雲霧に覆はるれども、雲霧の下あきらかにして闇なきがごとし。（註釈版聖典二〇四頁）

の一節で「無明の闇が破られている」ということと、もう一つ、「貪愛・瞋憎の雲霧、つ

ねに真実信心の天に覆へり」ということ、この二つの事柄について、ひとつの問題を提起しておられます。無明というのは、いうまでもなく仏教の非常に大事な概念です。その無明が破られている。そして貪愛瞋憎、これは煩悩です。無明と煩悩というものは、区別される場合もあるかもわかりませんが、また、ひとつのものとして理解される場合、無明煩悩という言葉で表現されていく場合もあります。そういう場面において、無明と煩悩と同質のものである、あるいは同じものだということもできますが、そういう場面において、「無明が破られているけれども煩悩がまだある」というのは、一体どういうことなんだろうかということです。先哲の解釈のひとつとして、―結構これが主流を占めているともいえなくはないわけですが―最初の「破られている無明」というのは実は「本願疑惑」であるというものがあります。親鸞聖人は、「本願疑惑」、「ご本願を疑うこと」を「無明」とおっしゃられたと解釈され、そして、「本願疑惑は破られているけれども、依然として煩悩は残っているんだ」という解釈が、先哲の中で主流であったということができます。この解釈に対して、村上先生は、疑問を抱かれたわけです。つまりどういうことかというならば、同じ親鸞聖人の「無明」という言葉を、ある場面においては、これは「煩悩を意味する無明」として、別の場面においては、この「無明」は「本願疑惑を意味する無明」として解釈するということについて、そういう解釈が果たして正しいんだろうか、それは後に解釈する者の都合によっての解釈じゃないんだろうか、いくらそのままで解釈しにくいからといって、極端な言い方をするならば、非常に適当な解釈に過ぎないんじゃなかろうかと、こういう感想を持たれたということであります。

そういう中で先生が見ていかれたのは、「無明を破る」という、その「破る」ということを、もう少し考えていかなくてはいけないんじゃないかということでありました。つまり『尊号真像銘文《そんごうしんぞうめいもん》』に、

貪愛・瞋憎の雲・霧に信心は覆はるれども、往生にさはりあるべからずとしるべしとなり。（註釈版聖典六七三頁）

という言葉が出てきます。無明というものは、本来浄土という悟りの世界に生まれていくのに障害となるべきものであるわけですが、それが障害じゃなくなった、決して「無明というものがなくなった」わけではなくて、「無明が障害ではなくなった」という事態を、「無明が破られた」というふうに親鸞聖人が表現されたのではなかろうかと、こういう観点で論を進めていかれたわけであります。

たとえば、『教行信証』「行文類」に、ここには称名《しょうみょう》破満《はまん》ということで、同じく「無明が破られる」という親鸞聖人ご自身の言葉があります。これの下敷きになっておりますが『往生論註《おうじょうろんちゅう》』に、「名号が衆生の無明を破る」という言葉がでて参ります。ここでは、「名

号は衆生の無明を破るのに、なぜいまだに無明が存しているのか」との問いに対しまして、いわゆる「二不知三不信《にふちさんぷしん》」といわれることが挙げられてくるわけです。その中「三不信」、信心が淳《あつ》くない・信心が一ではない・信心が相続していない、ということなどについて、親鸞聖人は『高僧和讃《こうそうわさん》』の中で、『往生論註』で「如実修行」というふうに言われているものは、「他力の信心」ということを表していると言われます。つまり、「信心が淳くない・信心が一ではない・信心が相続しない」ということは、「他力の信心がない」ということを意味しているんだと、親鸞聖人はお述べになっておられます。そうすると、これは実は一部の先哲も指摘していることでありますが、『往生論註』の論旨は、つまり、「無明がなぜ残っているのか、それは他力の信心がないからなんだ」とこういうことになってまいります。ところで先ほど申しましたように、この「無明」が「本願疑惑」であるというふうに考えていくならば、ここは、「なぜ本願疑惑が残っているのか、それは他力の信心がないからだ」となります。つまり、「他力の信心がない」というのは「本願を疑惑している」ということですから、「なぜ本願疑惑は残っているのか、それは本願を疑惑しているからだ」となり、これでは論にならないわけですね。なぜ本願を疑惑しているのか、それは本願を疑惑しているから、これでは何の説明にもなっていないわけであります。ですから、一部の先哲も指摘しているように、無明という言葉を本願疑惑と解釈するとこういう矛盾が出てくるとの指摘もふまえて、村上先生は結局無明という言葉は仏教で一般的に使われている無明という意味でずっと理解していくべきだ。浄土真宗だけの特別な解釈というものは、加えるべきではないということを明らかにしていかれたわけであります。

文の如く解釈する姿勢

そういう村上先生の姿勢というものを、私も受け継いでいきたいと思うわけであります。そういう意味で申すならば、「往生」という言葉について、たとえばこういう解釈が出されております。往生というのは、つまり浄土の功徳を体験しているということである。浄土の功徳を体験しているということは、つまりそれは浄土というものが功徳という形を取って今ここにいる私に開示されてきた、開き示されてきた事態である。つまり浄土の開示、浄土が今の私において開き示され、その浄土の開示を受けた生命だから、それは往生と言っていいんだという解釈が出されております。しかし、仏教において往生という言葉が、果たしてそういう意味で解釈されてきたんだろうかということを考えましたときに、たとえば親鸞聖人の直接の師匠である法然聖人《ほうねんしょうにん》の『往生要集大綱《おうじょうようしゅうたいこう》』という書物の中には、

ここを捨てかしこに往《ゆ》き蓮華に化生《けしょう》する。（真聖全四、三九三頁）

と、こういう解釈が示されております。ただこれは、「義山本《ぎざんぼん》」といわれるものにしかありませんので、一部疑問が持たれているわけであります。しかし、それだけではなくて、

往生といふは、草庵に目をふさぐのあいだ、すなわちこれ蓮台に趺《あしうら》を結ぶのほど、すなわち弥陀仏の後に従ひ、菩薩衆の中にあり、一念のころに西方《さいほう》極楽世界に生ずることを得。ゆゑに往生というなり。（真聖全四、三九三頁）

という解釈が法然聖人のものとして示されております。「草庵に目をふさぐのあいだ」、ですからこの世の命が終わるとき、「蓮台に趺を結ぶ」、蓮台の上で結跏趺坐《けっかふざ》する。この世の命が終わり、浄土の命を受けるという解釈であります。そういう法然聖人の明確なお示しがあるにもかかわらず、それを受け継いだ親鸞聖人について、往生とはそういうことではなくて、浄土の功徳が私に開示されたことなんだという解釈は、私にはやはり受け入れがたい解釈であります。先ほど申し上げました、村上速水先生の、仏教という世界の中で普通に用いられてきた言葉を、その意味として解釈するんではなくて、特別な意味ということで解釈していくのはやはりおかしいんじゃないかという姿勢を、受け継いでいきたいというわけであります。

ところで、先ほど申しました文を文の如く解釈するということは、ある意味では学問的な立場ということができ、それから親鸞聖人の言葉というのは宗教的体験を表現した言葉、

信仰という言葉には少し問題があるかも解りませんが、いうならば信仰的な立場ということができます。そして、学問的な立場と信仰的な立場をいかに両立していくのか、村上先生の中においては両立されていたと考えることができるわけでありますが、それをどういう形で両立してゆくのかということ、言い換えれば一つの体系として考えていくことはすごく難しいことであると思います。すなわち学問というのは、ある意味では通説に対する疑いというものを根底としております。最近問題になっております、石器を埋めてまた掘り出したというようなことでも、疑いを持って見られていなかったということが問題なんだ、それは全く学問的立場ではなかったということが指摘されています。ですから、ある意味では、学問的立場には疑いというものが必須であります。その通説に対する疑いというのは、ある意味でいいますと自分の能力に対する信頼、少なくとも自分の批判能力というものを信頼して、通説というものに疑いを抱いていきます。もちろん自分の考えにも疑いというものを持っていかなくてはいけないんですけれども、その根底にありますのが、自分の批判能力に対する信頼であります。ところが信仰というのは、ある意味でいいますならば、教えに対する信頼を一つの根底としているということができます。そしてそれはまた、逆の言い方をするならば、自分の能力に対する不信感ということでもあります。

片方は自分の能力に対する信頼、片方は自分の能力に対する不信感。片方は、外にあるものに対する疑い、片方は外から私に対して与えられてくる教えに対する信頼です。この両者を両立することは、口で言うのは簡単でありますが、本当に難しいことであります。しかしまた、私にとりましては、それが恩師から与えられたひとつの宿題でもあると感じています。これからますます、考えていきたいと感じております。

「恩師を偲ぶ」という題で、少しとりとめもない話になってしまったかも知れませんが、一応与えられた時間を消化させていただきました。どうもご清聴ありがとうございました。

（二〇〇〇年十一月十六日　ご命日法要法話）

＊　＊　＊　＊　＊

これも、「真実の尺度」と同じくご命日法要の法話ですが、この法話は大宮学舎本館講堂でさせていただきました。私にとっては、本館講堂での法話は最初の経験でした。話の中にもありましたが、前年同じく本館講堂で開講されました安居において副講者として講義をしました時に、初日、二日目と村上先生が座っておられたわけです。

本書に収録したさまざまな法話などをあらためて読みなおしてみて、私の浄土真宗理解には、村上速水先生の薫陶が大きく影響しているのだなあと感じたことでした。直接村上先生の名を出したものも多いのですが、直接にお名前は出ていなくても、私自身が読んでみると、このあたりは村上先生の影響だなと感じるところが多くあります。

さて、村上先生はすでにお亡くなりになり、もはや直接先生に学恩を報じることはできません。しかし、今思うことは、村上先生がお亡くなりになった後の先生の評価は、門下生の所作に左右されるのではないだろうかということです。いろいろな方々に、「村上先生は立派に弟子を育てた」と言わせるのか、「村上先生の弟子にはろくなものがいない」と言わせるのか、まさに門下生の責任です。現在の状況からして、私は村上先生の門下生の中では目立つところに居ると思いますので、その分責任を重く感じます。「村上先生は立派な弟子を育てた」と言ってもらうのはなかなか大変ですが、せめて「村上先生の弟子にはろくなものがいない」とは言われないようにしなければいけません。できれば、「さすがに村上先生の弟子だ」と言ってもらえるよう、今後も頑張りたいと思っています。

本願を聞く

ブラウン神父シリーズ

おはようございます。ただいまご紹介をいただきました、内藤でございます。「本願を聞く」という講題で、ご命日法要のご法話をさせていただきます。

今日は、「本願を聞く」という講題を出させていただいたわけですが、講題を出させていただいたときに、特にこういう話をしようと思っていたわけではございません。とにかく月報に載せるから、はやく題を出せと言われましたので、とりあえず、浄土真宗の法話でご本願を聞くというテーマ以外はありえないということであります。どういうテーマであろうとも、必ずそれは、本願を聞くということにつながっていかなかったならば、浄土真宗の法話にはなりえないと、そういう意味もございます。まだ中身をまったく決めずに、このテーマであるならば、逆に申しますと、どんなお話でもできるだろうということで、テーマを出させていただきました。必ずしも、今日のお話とピタッと合うということはございませんが、まったく無関係ということもありえませんので、すこしそのあたり、お許しをいただいておきたいと思います。

今日は、真宗学の教員といたしましては、すこし変わったテーマをお話ししたいと思うわけであります。あるイギリスの作家、評論家、詩人を紹介させていただきます。十九世紀、一八七四年の生まれでありますが、ギルバート・ケイス・チェスタートンという人でありあます。ひょっとすると、ご存じの方もおられるかもわかりません。カトリシズムに基づいて、いろいろな著作を書かれた方であります。一般的に非常に有名なのは、「ブラウン神父シリーズ」というものがございます。みなさん方もご承知かと思いますが、有名なシャーロック・ホームズのシリーズというのがございます。これを書きました、アーサー・コナン・ドイル、この人が一八五九年の生まれでありますので、チェスタートンの十五年先輩ということになります。いわゆる、推理小説とか、探偵小説とか、ミステリー、いろいろな言い方がされておりますが、エドガー・アラン・ポーから始まりまして、コナン・ドイルのシャーロック・ホームズという、ひとつの系譜ができあがっているわけでございます。そのシャーロック・ホームズの後を継ぐものとして、ブラウン神父という、カトリックの司祭でありますが、この人を主人公とした様々な物語、すべて短編でありますが、そういうシリーズで一般的には有名であります。

このチェスタートンという人は、論理が逆立ちしていると言われたりいたしまして、非常にパラドキシカルな表現にあふれた話をいくつも書いているわけです。たとえばその中には、頭を殴られて死んだ男が見つかりまして、どうも凶器が見つからない。この傷からして、ひょっとすると小さな凶器かも知れない。小さすぎて見つからないのではないだろうか、といったときに、そのブラウン神父が「いや大きすぎて目に見えないのでしょう」というふうに言ったわけであります。その大きすぎてというのはどういうことかというと、実はこの人は二階から飛び降りて、地球に頭をぶつけて死んだので、凶器は緑の大きなボール、地球というのが凶器で、大きすぎて逆に私たちにはそれが凶器であるとは見えないのだろうということでした。一般的に、小さすぎて見えない、というのはありますけれども、大きすぎて見えないと、非常にパラドキシカルな表現を用いたりすることで有名であります。

この人の書物に、今先ほど申しました、ブラウン神父という人を主人公にした短編が何作かあります（以下『ブラウン神父の童心』『ブラウン神父の秘密』中村保男訳、創元推理文庫による）。最初に登場いたしました時に、世間のことを何も知らないような、それこそ切符の買い方も知らないような、そういう人であったわけで、それが非常に貴重な十字架、宝石で飾られた十字架を持ち歩いている。これは非常に高価なものなのだから、気を付けないといけないというようなことを、会う人ごとに喋りまくる。まるで、盗ってくれといわんばかりのものであります。それを心配した刑事が、注意したりするわけでありますが、案の定、ヨーロッパ中を席巻した大泥棒に目を付けられて、それを盗もうとされるわけでありますが、実は、このブラウン神父のほうが上手であったと、そういう話が第一作目であります。

なぜ、神父さんはそれほど犯罪のことに詳しいのですかと訊かれて、みなさんご承知のとおり、カトリックでは、いわゆる懺悔という習慣がございます。自らの犯した罪というものを神父に告白し、そして許しを請う懺悔というものに立ち会っておりますと、ありとあらゆる犯罪の手口というものを聞かされます。そういうことで、実は非常に犯罪の手口に詳しいということであったという、そういうことがわかったり、最初のイメージが大きく崩れるような話がいくつもいくつも出てまいります。

犯罪を犯すかもしれない自分

そういう中で、このブラウン神父に対しまして、「神父さんはどうしてそんなに犯罪というものを見事に解決できるのでしょうか?」と、ある人が尋ねたところ、ブラウン神父の答えるには、「私は犯罪が起こったときに、どういう気持ちでその犯罪が起こされたのであろうかということを考えると、犯人のすがたというものが浮かんでくるのです」と、このように答えてきます。その中に出てくる言葉を少し紹介させていただきますと、「悪魔を否むには、二つのやり方があります。（悪魔を退けるといいますか、悪魔を否定するということでありますが、否むという言葉は最近ではあまり使いませんが）その違いは、ことによると、現代宗教を二分する最大の溝なのかも知れません。一つのやり方は、われわれからあまりに縁遠いものだからというので、悪魔をいみきらうことです。いま一つは、われわれにあまりに身近なものなので、悪魔を恐れしりぞけることです。あなた方が犯罪を恐ろしいと思うのは、自分にはとてもそんなことができないと思うからでしょう。わたしが犯罪を恐ろしいと思うのは、自分もそれをやりかねないと思うからなのです。あなた方は、犯罪をヴェスヴィアスの噴火のように思っていられる。（有名な、イタリア半島のポンペイという街を噴火によって一夜にして滅ぼしたという、ヴェスヴィアス火山の爆発ですね）しかし、それよりは、この家に火がつくほうがよほど恐ろしい」というものです。

すなわち、私もそういう犯罪を犯すかもしれない、そういうふうに思って、私がもしそういう犯罪を犯すときにはどういう気持ちでその犯罪を犯すだろう、というふうに犯罪者の心に自らを合わせていったときに、その犯罪を犯した人のすがたというものが明らかになってくると、こういうふうに答えるわけであります。みなさん方もすぐに思いつかれる

と思いますが、『歎異抄』には、

さるべき業縁《ごうえん》のもよほさば、いかなるふるまひもすべし（註釈版聖典八四四頁）

という、有名な言葉があります。この言葉を本当に味わわさせていただきますと、まさに私は何をしでかすかわからない、そういう条件がそろったならば何をするかわからない私ということであって、私には決してそんなことはできないということは、逆に決していえないような私なんだ、ということができます。まさしく、それと相通じるような話だと、聞かせていただきました。

決闘で友人を撃ち殺した罪

あるいはまた、もうひとつ話をご紹介させていただきます。ひとつのあるお城でありますが、そのお城にずっと隠遁生活をしている一人の公爵がいるわけであります。どうして隠遁、そのように人に会わないのだろうかというところから、話が始まっていくわけでありります。実は二十五年前、仲の良い従弟同士のジェームスとモーリスという二人が、ある女性を争って決闘を行います。当時のことでありますので、ピストルによる決闘です。何メートルか離れてお互いにピストルで撃ち合うという決闘であったわけですけども、その当時はすでに、その決闘というものが禁止されているという時代です。その決闘によって、ジェームスがモーリスを撃ち殺してしまいます。ピストルを撃った途端に、モーリスがバッタリと倒れます。すぐに医者を呼べば助かるかもしれないというので、立会人の一人は大急ぎで医者を呼びに行くのですが、医者が馬でその場へかけつけた時には、もはやどうしようもなく、その辺りの砂浜に仮埋葬されていたという状況でありました。

当時、決闘は禁止されておりましたので、ジェームスは大急ぎで外国へ逃げ出します。ほとぼりが冷めたころに帰国をして、そして爵位を継ぐわけですけども、その後カトリックの修道僧たちと隠遁生活に入り、世間との交渉を断つわけです。そのことに対して、ジェームスの友人や婚約者たちは、カトリック教会がジェームスの罪を過大にとらえすぎて、そしてジェームスの罪悪感というものを責め苛んでいると非難するわけです。確かに、中世カトリック教会によって作り出されたと申しますか、いわゆる罪の体系というもの、一人の人間によって作り出されたものではありませんので、様々な人々によって、あれが罪であるこれが罪である、その罪を滅するためには何回かの鞭打ちを受けなければならないというような、膨大な体系、怪物的なとでも評せられる場合もあるわけですけれども、そういう罪の体系に照らしてみれば、普通の生活をしている人でさえ、百年も二百年も鞭打ちの刑を受けなければ、その罪というものは清められないという、とんでもない状態になっていたという、そういう時代がありました。それがまさにその時代に十字軍というものが起こりまして、十字軍に参加するならば、たとえば二百年間の鞭打ちの刑を受けたに等しい滅罪の行為だということで、我も我もと十字軍に参加したという歴史もあるわけです。そういう過去を振り返るならば、まさに普通の生活をしている人が、とんでもない罪人だというようなかたちで責められてきたという過去があるわけであります。

そういうことも引き合いに出して、当時イギリスというのは、いわゆる英国国教会の主導であったわけですから、カトリックというのは必ずしもイギリスにおいてはメジャーではなかったわけで、ある意味ではマイナーな教えであったと考えられます、英国国教会に比べれば。そういう意味でカトリックに対しては、イギリスの人たちは一種の偏見を持っていたということも言えるわけです。たかが決闘で相手を撃ち殺した程度で、二十五年も人との付き合いを断つほどの罪とも思えない。それはきっとカトリックの坊主どもが、その罪というものを過大に述べ立てて、罪悪感、仲の良い従弟を撃ち殺してしまったという罪悪感をあまりにも刺激しすぎているんだと、こういうふうな非難を起こしたわけであります。

たとえば、引用してみますと、「ちょっとした軽はずみをしでかしたあわれな男を許すにも、この連中は罪人を座敷牢に放りこんで、断食と懺悔と地獄の業火の絵で干し殺さにゃならんと思っている」と言ったり。そういう罪を犯した人を許すのが実はキリスト教なのではないかという意味で、「本当のキリスト教というのは、すべてを知りながらすべてを許せるものです。すべてを覚えていながら、それを忘れることもできる愛であります。そうなんじゃないでしょうか。そういう罪人を許してこそ、本当のキリスト教の愛じゃないのでしょうか」というようなことを、口々に言い立てるわけです。

このブラウン神父という人は、先ほど申しましたようにカトリックの司祭でありますから、自らの宗派を非難されたので、なんとかしなければならないということで、実際にその人に出会っていろいろと話を聞くわけであります。けれども、友人や従弟たちがジェームスに会わせてほしいとやって来ても、「ジェームスは会いたくないと言っている、会わせる顔がないと言っている」と、ブラウン神父はそういうわけですね。そこで持ち出される言葉は、「キリスト教の愛というのはすべてを許す愛であるはずなのに、どうしてあなた方はそれを許そうとしないのか。私たちもそれを許そうと思っているのに、どうしてそのかわいそうなジェームスを世間に出そうとしないのか」と責め立てるわけです。それでブラウン神父は、「みなさんがそんなふうにどんな罪でも許すという気持ちをお持ちなのであれば、仕方ありません。そういうことでしたら、いっぺん、行って話してみましょう」と。それに続いて婚約者は、「私はなにがなんでも会いにいきます」というふうに、その城の中に入っていくわけです。

ところが、そこで明らかになったことは、こういう真相なのです。みんなは、ジェームスがモーリスを決闘で撃ち殺したと、こう思っていたわけですが、実はそうではなかったわけで、モーリスはそれまでに芝居の稽古をしておりました。友人である俳優に、撃たれて倒れるという、その演技を何度も何度もつけてもらい、銃声がすると同時にバッタリと倒れて、いうならば死んだふりをしたわけであります。そして立会人が大慌てで医者を呼びに行き、ジェームスは仲の良い従弟を撃ち殺したと思って、逆に悲しみのあまり従弟のところへ走り寄ってくる。近くへ来たジェームスを、モーリスは持っていたピストルで撃ち殺したというのが、実は真相であったわけであります。ミステリーとしては意外な真相というところにポイントがあるのでしょうが、チェスタートンとしては、その後の展開に力点があるのだと思います。

神の愛と人間の愛

そういう真相を、ブラウン神父は皆に説明をして、「みなさん方は罪人を許すと先ほどおっしゃったわけでありますので、これからこのモーリス（実はモーリスであったわけですけれども）をみなさん方の仲間へ入れてください」と言ったところ、とんでもない話だと皆は言い出すわけであります。「そんな卑怯なことをするようなやつには、手で触りたくもない」。当時のひとつの表現かと思いますが、「舟の竿で触るのもいやだ、まるで毒蛇のようなやつだ。そんなやつとは決して付き合いたくない」と言い出します。「しかしみなさん方は、罪人を許すのがキリスト教の愛だと言ったではないですか」と、ブラウン神父が問いかけると、「いやいや、人間の慈悲には限度がある」と、こう答えるわけであります。

その人間の慈悲には限度がありますという言葉に対しての、ブラウン神父の言葉を紹介させていただきますと、「いかにも限度がある。そして、その点にこそ、人間の慈悲とキリスト教の慈悲の本当の違いがあるのです。今日あなた方は、わたしを無慈悲と呼んで蔑まれ、すべての罪人を許さねばならないと説いてたしなめられた。そのとき、わたしがてんとして恥じぬようであったとしても、それは許していただかなくてはなりません。なぜならそのときわたしは、あなた方が人の咎を許すのは、その咎が本当の罪ではないとお思いの時に限ってのことと知って、あえて賛同しなかったのです。みなさんが罪人を許すのは、その人の咎が犯罪ではなくて習俗にすぎぬとお考えになるときだけなのだ。あなた方が人を許すのは、許すほどのことが何もないからなんだ」。

そういう言葉に対して、「しかし神父さん、あなたは、ああいう陋劣《ろうれつ》な所行がわれわれに許せるとでもお思いなのですか?」と、こう反論します。それに対してブラウン神父は、「思いません。みなさん方にそういう卑怯な行為が許せるとは思いません」と言い、「しかし、われわれ司祭は、それを許すことができなくてはならぬのです。われわれ司祭は、そのような人たちに、舟の竿ではなく、祝福をもって接しなくてはなりません。この人たちを地獄から救う言葉を言ってやらなくてはなりません。あなた方の人情がこの人たちを見放すとき、それを絶望から救うのは、わたしたちだけなのです。あなた方は、ご自分の趣味にあった悪徳を許したり、体裁のいい犯罪を大目に見たりしながら、桜草の吹きこぼれる歓楽の道をずんずんお歩きになるがよい。われわれを夜の吸血鬼のように、闇の中に置き去りになさるがよい。そうすれば、われわれは本当に慰めを必要とする人たちを慰めます。この人たちは、本当に申し開きの立たぬことをしているのです。本人も世間も、弁解の言葉を知らぬようなことをしているのです。それが許せるのは、司祭以外にはないのです。卑劣な唾棄すべき、本当の罪を犯した人たちを、われわれに残してください」と、こういうふうにブラウン神父は述べるわけであります。

道徳的な罪と宗教的な罪

罪ということを考えますときに、私たち浄土真宗では、「悪人正機」ということを申しますけれども、その悪人の悪ということを考えますとき、私たちはともすれば、その悪というのは決して法律的な悪ではない、倫理的・道徳的な悪ではない、宗教的悪なんだということをいつも申します。倫理的・道徳的な悪と区別した、宗教的な悪というふうに述べるわけであり、またそのように考えております。そして、倫理的・道徳的な罪悪の判定よりも、宗教的な罪悪の判定のほうがずっと深いんだ、というふうに考えております。

確かにそうなんでしょうけれども、倫理的な善悪の基準よりも、宗教的な善悪の基準のほうが、ずっと深いものがあると思いますが、しかし私たちは逆にそれに甘えている面があるのではないかということを考えるわけであります。宗教的な悪は、道徳的な悪ではないんだ、それは宗教的な悪なんだ。道徳的な悪ではないんだ、私たちは宗教的に悪人と位置づけられているんだ、ということで、逆に私たちは別に道徳的な悪を犯しているわけではないんだと甘えている面が、ひょっとすると生まれているのではないのかということを、考えるわけであります。

確かに、親鸞聖人の一生というものを見ましたときに、一般に世間でいわれるような悪人では、当然ないわけであります。そういうことから考えますと、親鸞聖人が自らを悪人と位置づけられたのは、道徳的な悪人を意味していないということははっきりしておりま す。しかし、それと同時に、私たちは、まさに道徳的な悪人というものを見た場合に、私はこの人よりも悪人だと思うことができるでしょうか。なかなか私たちは、そのように思うことができないのではないかということを思うのであります。新聞紙上をにぎわすような、まさにとんでもないような事件が起こっています。そういう犯罪を犯した人たち、先ほども申しましたけれども、「さるべき業縁のもよほさば、いかなるふるまひもすべし」という言葉は聞いていますけれども、私は本当にこういう事件を起こすだろうか、たとえば小学校に乱入をして、子供たちをナイフで刺し殺してまわるということを、本当に私がするような、そういうものを私の中に持っているだろうか、そう思えるだろうかというと、やはり思えないのではないかということを感じるわけであります。

悪ということを考えますときに、確かに宗教的な悪でありますけれども、私たち浄土真宗におきましても、仏の救いというのは、ただ単に宗教的な悪を犯した人を救うということではないはずであります。まさに道徳的な悪を犯した人をも救うとでも申しますか、道徳的な悪を犯した人を救うという面も持っているはずであります。そういうことを感じます。キリスト教と浄土真宗との類似性ということに関しましては、プロテスタントということは結構よく話は聞くわけであります。カール・バルト以来、さまざまに言われているわけではありますけれども、カトリックの宗教観とでも申しますか、そういうものと、浄土真宗との類似性、まあ似ているからどうだ、それがどうしたといわれればそれまでの話でありますけれども、キリスト教であるとか仏教であるとか、そういう個々の宗教を超えた、実は宗教というのは深いところでつながっているのではないのかというようなことを感じさせていただく、そういう話であったと思っております。

約三十分から四十分ほどのお話という約束でございます。今日はすこし、めずらしい話を紹介させていただきまして、またそれをきっかけとして、本願を聞くということ、本願を聞いて味わうひとつの縁にしていただければ、幸いかと思います。どうもご静聴ありがとうございました。（二〇〇二年七月十六日　ご命日法要法話）

＊　＊　＊　＊　＊

同じく大宮学舎本館講堂における法話です。七月十六日ですから、安居開繙式《あんごかいばんしき》の前日になります。安居事務所のアルバイトとして翌日の準備を手伝っていた大学院生が、仕事を中断して聞きにきてくれていたことを思い出します。

さて、この法話は、浄土真宗の法話としては少し珍しい題材を用いています。カトリックの司祭を主人公とした小説を題材として話をさせていただきました。このチェスタートンの作品は、私の愛読書の一つです。ミステリー愛好者にしか通じない話を少ししますと、ブラウン神父シリーズの数話に登場するバランタンというパリ警察の高官が、チェスタートンに私淑したディクスン・カーの初期の作品に登場するバンコランという探偵の原型かとおもわれます。

閑話休題《あだしごとはさておき》。その他、C・S・ルイスという人の書いた『ナルニア国物語』というシリーズがあります。子供向けのファンタジーです。このルイスという人も、神学に造詣の深い人ですが、このシリーズもキリスト教的な宗教論・神論に基づいています。アスランという名のライオンが登場しますが、これが受肉した神だということになります。このように、西欧には、キリスト教という精神文化に基づいた文学作品が多く見られるのですが、キリスト教神学にも造詣が深く、かつ文学的才能も豊かだという人々が多く居て、うらやましい気がいたします。ちなみに、ルイスの友人に、『指輪物語』（映画化され、『ロード・オブ・ザ・リング』と、そのままの題で有名です）を書いたトールキンという人がいます。この作品の世界は北欧神話的な（キリスト教から見れば異教的な）世界です。

この法話のテーマは、悪をどのように受け取るべきかということです。私は宗教的に悪人なのであるということの裏返しに、私は倫理・道徳的には善人なのだという考えがひそんでいるのでしたら、それは本当に自らを悪人と位置づけたことになっていないのではないでしょうか、という問題提起をしたつもりです。また、少し論点を変えますと、悪人正機という問題、言い換えれば善人は救われがたく、悪人は救われやすいというテーマについて、一切の存在が実は悪人であるが、自らの悪を認識した悪人（自身を悪人とみなすもの）と、自らの悪を認識しないもの（自身を善人とみなすもの）とに分かれ、前者は宗教的に価値が高いので救われ、後者は宗教的に価値が低いので救われないと説明する人がいます。一見もっともらしく聞こえます。しかしこれは、私は自分の悪を深く見つめているからすぐれている、彼らは自分の悪に気がついていないから劣っているということにならないでしょうか。たしかに、機の深信について、知らず識らずのうちに、そのように考えてしまうことがあります。しかし、自らの悪に気づいているからすぐれている、自らの悪に気づいていないから劣っているという考え方は、結局すぐれているから救われる、劣っているから救われないという考え方になります。自分の悪に気がついているからすぐれていると思ってしまった時点で、人間の傲慢さが顔を出したといえるでしょう。悪人の悪は宗教的悪だというところに、倫理的・道徳的悪にしか眼がいかない世間の人と違って、私たちは自分自身の宗教的な悪にまで眼がいきとどくと思ってしまうと、結局は思い上がりになってしまうでしょう。慚愧ということを考えてみますと、慚愧は確かに善なのでしょうが、自分自身の慚愧を善と位置づけたとたんに慚愧は無くなってしまうのではないでしょうか。自分の行為を善と位置づけるところには、恥じる心は生まれてきません。自身を悪人と位置づけることの中で陥りやすい陥穽《かんせい》について、自戒の意味もこめて考えてみたテーマでした。

なお、この法話は、思うところがあり、本書収録に際し一部削除いたしました。

先師の教え

前に生れんものは後を導き、後に生れんひとは前を訪へ、連続無窮にして、願はくは休止せざらしめんと欲す。無辺の生死海を尽さんがためのゆゑなり。（「後序」註釈版聖典四七四頁）

皆さま、ようこそのお参りでございます。能化追慕会のご法話は、これまで何度か拝聴させていただきました。これまでの本講師和上の能化追慕会のご法話は、先哲の思い出話が多かったように思えます。私も、さまざまな先哲に出会わせていただきましたので、それらの先哲の思い出話をさせていただきたいと思います。

私は、他大学におりました関係で、少し回り道をしておりました。他大学にいたといっても、いただけでありました。副講の内藤昭文和上のご講義によりますと、仏教では勉強するものを学生というそうであります。逆にいいますと、勉強しないものは学生ではないということになります。そういう意味で申しますと、私はその大学の学生であったわけではありません。ただその大学に籍をおいていたというだけでございます。それで龍谷大学へまいりまして、一回生から真宗学の勉強を始めて、三回生から演習（ゼミ）というものがございました。この時に、山本仏骨和上のゼミに入らせていただきました。その後、大学院に入ることになりましたが、合格させていただいて山本仏骨和上のゼミに同じように入らせていただいたわけであります。ところが山本和上は、次の年の三月がご定年で、一年しかご指導を受けることができないということで、その後、どなたかに代わらなくてはならないということでございました。そこで、その後は村上速水和上にご指導を仰ぐことにいたしました。同じならば、マスター一回生のうちから村上先生のご指導を仰ごうということで、マスター一回生の時には、山本先生のゼミと村上先生のゼミと両方に属していたようなことでございました。そういう関係からしてか、村上速水和上からは、なかなか自分の弟子と認めていただけなかったという経験がございます。しばらくの間は、まだその時点では、内藤ではなく鷲原という苗字であったわけですが、「鷲原くんは、山本先生からあずかっているのだから」と、こういう言い方をずっとされたことを思いおこします。

さて、山本仏骨和上から教えていただいて、今でも記憶に残っていることでございます。「真宗学とは何か」というお話であったわけです。山本和上は、こういうふうにおっしゃられました。たとえば、「信文類」三心一心の問答、法義釈のところでございますが、

一切の群生海、無始よりこのかた乃至今日今時に至るまで、穢悪汚染にして清浄の心なし、虚仮諂偽にして真実の心なし。（註釈版聖典二三一頁）

というご文がございます。このご文を聞いて、もし、お同行が、「無始よりこのかた」を「私が、むかし虫であった頃から私には、清らかな心はなかったのですね。真の心は、なかったのですね」と、受けとめられた時に、それが間違いであるというのが、真宗学であってはならない。こうおっしゃっておられました。言葉の解釈からいたしますと、まさしく間違いであるわけです。けれども、言葉を越えた心の受けとめ方、本当に親鸞聖人のお心を受けとめるということでありますならば、「私が、虫であったころから」という、そういう受けとめ方は、決して間違いではないわけであります。それが間違いであるということを指摘するのが、真宗学であってはならない。逆に、それが正しいということを、キチッと説明できるのが真宗学であるべきだ。このようにおっしゃっておられました。

同じような例としてあげられましたのが、これは「正信偈」でございますが、

ただよくつねに如来の号を称して、（唯能常称如来号）（註釈版聖典二〇五頁）

の文でございます。この「正信偈」のご文を「如来様からお念仏という結納をいただいて如来さまの子になるのだ」と、こういうふうに受けとめられたお同行がいたとして、その箇所の理解としては、間違いかもしれないけれど、ご法義全体の受けとめ方としては、決して間違いではない。そういうものを間違いといわないのが真宗学なのだ。こういうふうに教えていただきました。いまだに、それを覚えております。

そしてもうひとつ、村上速水和上から教えていただいたことでございます。ちょうど三回生の時でありましたが、真宗学概論という科目がございます。その真宗学概論という講義を聞かせていただいておりました時に、他力というお話が出てまいりました。まだ若い頃の生意気な頃でございます。講義が終わってから村上先生に質問にまいりまして、「先生、浄土真宗では他力ということを言いますけれども、本来、自とか他を区別しないのが仏教ではないのでしょうか」と、こういう質問をいたしました。村上先生は、しばらく考えておられました。「確かに本来的に自他を区別しない、――これまでずっと副講の内藤昭文和上が話してこられたような、まさしく根本無分別智というもの、そこにおきましては、自他を区別しないのでしょう。――自他を区別しないというのが本来であるだろうと思うが、しかし、どうしても自他を区別することしかできないのが私たちではないでしょうか」と、こうおっしゃっていただいたのです。その時にはよくわからなかったのですが、後に真宗学というものを学んでいくにつれまして、やはり私たち、自他を区別するしかない私たちが、本来自他は区別するべきではないなどといっても、それは逆に観念的なことを言っているにすぎないいじゃないかということに気づかせていただきました。どこまでいっても凡夫の思いに応じたみ教えであるという、これを忘れないようにしないといけないというふうに受けとめさせていただいたことでございます。そのほかにも、灘本愛慈和上、瓜生津隆雄和上、さまざまな和上方からさまざまな教えをうけたわけでございますけれども、時間の関係もございますので、今日はお二人の和上方との思い出を語らせていただきました。（二〇〇九年七月）

＊　＊　＊　＊　＊　＊

この年に、本願寺派の安居において、本講師として『教行信証』の「行文類」を講義しました。安居には能化追慕会という行事があり、江戸時代以降の先輩の方々を追慕する法要が行われ、本講師が法話をすることになっていますが、その法話です。

山本仏骨先生のお話と村上速水先生のお話とは、他のところでも出てきます。私の真宗理解の基礎になっているものとして、併せてお話しさせていただきました。

二、真宗を学ぶ姿勢

真宗を学ぶ姿勢

真宗を学ぶということについては、いろいろな考え方があると思います。整理してみますと、何を学ぶのかという問題と、どのように学ぶのかという問題でしょう。何を学ぶのかといいますと、真宗を学ぶのに決まっているといわれそうです。しかし、真宗を学ぶといっても、それは次のどう学ぶのかという問題と深くかかわっています。つまり、真宗とは何かという問題が、どう学ぶのかという問題をぬきにしては考えられないからです。

真宗とは親鸞聖人の教えであると考える人は、そういう学び方をするでしょうし、真宗とは私の往生浄土の道を教えるものであると考える人は、そういう学び方をするでしょう。また、真宗とは阿弥陀如来の救いを説いた教えであると考える人は、そういう学び方をするでしょう。もちろん、これらのことは別個のことではありません。親鸞聖人の教えは、私の往生浄土の道を明らかにするものであり、それはまた阿弥陀如来の救いということと別なことではありません。けれども、どこに重点をおいて学ぶかによって、その学び方は微妙に異なってきます。

親鸞聖人の教え、私の往生浄土、阿弥陀如来の救いという三つのことが、常にまったく同じものとしてぴったりと重なっているというのが本当でしょうが、現実はなかなかそう簡単にはまいりません。私事で恐縮ですが、私の場合は、親鸞聖人の教えを学ぼうと思って―どうしてそう思ったかということは略します―それを学んでゆく過程において、これは私の往生浄土の道として学ばなくてはならないのだなということを教えられ、そしてまた、それは阿弥陀如来の救いに他ならないのだと思わざるを得ないようになったのです。しかし、それでこの三つがぴったりと重なったというわけではありません。重なっている部分もあるが、ずれている部分もあるという状態でしょう。私は、真宗についての何か問題を考える時、自分の往生浄土ということにとらわれて、親鸞聖人のお言葉を自分勝手に受けとめていないだろうか、親鸞聖人のお言葉を自分に関係のない客観的なものとして読んでいないだろうか、阿弥陀如来の救いを彼方に眺めていないだろうか等、いつも意識して反省するように心がけています。このように意識して反省しなければいけないということは、言葉を換えれば、私の中でそれらのことがらが、ぴったりと重なっていないということになるでしょう。

勧学寮頭《かんがくりょうとう》の瓜生津隆雄和上は、蓮如上人《れんにょしょうにん》の、『蓮如上人御一代記聞書』の、

聖教《しょうぎょう》は句面《くめん》のごとくこころうべし。そのうへにて師伝口業《しでんくごう》はあるべきなり。（註釈版聖典一二六〇頁）

という言葉を好んで引用されます。また、私の師である村上速水先生は、「文は文のごとく解釈せよ」ということを強調されました。私たちは、お聖教を拝読するときに、お聖教の言葉を自分勝手に解釈しないように気を付けなければなりません。聖教を句面のごとく心得、文を文のごとく解釈するのは、決して容易なことではありません。しかし、その営みによって、自分勝手な一人よがりの解釈に陥らないようブレーキがかかるのではないでしょうか。私自身の往生浄土の問題だということを楯にとって、自分勝手な一人よがりの解釈に陥らないように注意しなければなりません。

親鸞聖人のお言葉に、

無始よりこのかた乃至今日今時に至るまで、（『信文類』註釈版聖典二三一頁）

というものがあります。これを「私が人間として生まれるずっと前、虫であったところから」と受けとめるお同行《どうぎょう》がおられたとします。つまり「無始」を「虫」と聞いたわけです。さて、この受けとめは間違っているでしょうか。私は決して間違っていないと思います。もちろんこれは、文を文のごとく解釈したものではありませんし、句面のごとく心得たものでもありません。しかし、親鸞聖人の前記のお言葉を句面のごとく心得、あるいは文のごとく解釈した上で、親鸞聖人がそうおっしゃったお心を考えた時、これは決して間違った受けとめではないと思います。

私は、ここでは三つの考え方があると思います。「むし（無始）」と「むし（虫）」の区別がつかず、お同行の受けとめに何の疑問も抱かない考え方。「無始」と「虫」は違うのだから、お同行の受けとめは間違っていると決めつける考え方。「無始」と「虫」は違うということを心得た上で、お同行の受けとめを間違っていないとする考え方の三つです。私は、三番目の考え方に親近感を抱きます。

皆さんが、通信教育で真宗を学ばれるとき、決して単なる理屈を学ばれるのではありません。しかし、理屈抜きのあじわいだけを学ばれるのでもないと思います。理屈をふまえたあじわい、あじわいをふまえた理屈を学ばれるのではないでしょうか。どうかお聖教を句面のごとく心得、文を文のごとく読んだ上に出てくるあじわいを学んで下さい。その意味で、お聖教はなるべく原文に親しんでいただきたいと思うのであります。（一九八八年十一月号『学びの友』）

＊　＊　＊　＊　＊　＊

中央仏教学院の通信教育の機関誌『学びの友』の巻頭講座として執筆した原稿です。『学びの友』に執筆した原稿は、巻頭言の四本の他に、「真宗学雑感」・「阿弥陀仏の存在」・「自力の心」・「西方の浄土」と四本あります。法話というより、ご法義に関する随筆、エッセーというようなものでしょうか。この原稿はその中の「真宗学雑感」を、今回本書に収録するにあたって、「真宗を学ぶ姿勢」と改題したものです。龍谷大学の宗教部から出ている『りゅうこく』という小冊子に掲載された「論理と感性」と併せてお読みいただければ、私の言いたいことが一層分かっていただけると思います。文中で触れた村上速水先生の学風については、二〇〇〇年十一月のご命日法要の時にお話しした「恩師を偲ぶ」や「村上速水先生の想い出」において、詳しく紹介しました。「村上速水先生の想い出」に書きましたが、村上先生の最終講義における言葉、「真宗学では昔から、文によって義を立て、義によって文をさばくといわれてきたが、最近は文によらずに義を立てることが目につく」というものがありました。私も最近、思いつきだけでものを言う人が増えてきたなあと感じることがあります。ご本願の救いは、愚者《ぐしゃ》になっての救いであり、知識は何の役にも立ちません。しかし、ご法義の内容を説明するのに、お聖教を緻密に読み進めてきた先輩の膨大なご苦労の集積を無視して、思いつきだけで説明されても困ります。真宗を学ぶ姿勢として、ご法義を味わう方々にも思いを致していただきたい問題だと思います。

阿弥陀仏の存在―誰が阿弥陀仏をつくったのか―

『無量寿経』の第十八願文と同成就文に、「唯除五逆誹謗正法《ゆいじょごぎゃくひほうしょうぼう》」という文があります。この中の誹謗正法という言葉について、曇鸞大師《どんらんだいし》は、『往生論註《おうじょうろんちゅう》』（上巻）の八番問答において、仏や仏法、菩薩や菩薩の法が無いという見解を持つことを誹謗正法というのであるとお示しになっておられます。つまり、仏なんていないのだ、人間の想像力が勝手につくりあげたものだという見解を持つのが、正法をそしる行為であるということです。

私たち浄土真宗において、阿弥陀仏の存在というのは大きな問題です。お釈迦さまは、私たちの歴史に名をとどめておられる仏さまですから、誰も実在を疑う人はいません。しかし、私たちの歴史に名をとどめない阿弥陀仏という仏さまが、本当におられるのかどうかという問題になってきますと、単に理屈で説明するのは不可能です。現に、お釈迦さまという仏さまがおられることは認めるが、阿弥陀仏という仏は、一部の仏教徒が勝手につくり上げた仏であって、そんな仏さまはいないと主張する人々もいます。もちろん、私たち浄土真宗の者にとっては、とんでもない暴論です。

阿弥陀仏という仏は、本当はいないのだと主張する人々の論点を検討すると、最終的には、私たちの持っている、見る聞くという能力や、ものの考え方を基準としている場合が多いように思います。しかし、私たちの持っている能力や考え方を基準にして、阿弥陀仏がおられるか、おられないかと判断することそのものが、実は私たちの思い上がりではないでしょうか。阿弥陀仏に限らず、如来さまを本当に理解できるほど立派な能力を持たず、立派な考え方もできないような私たちです。

さて、阿弥陀仏は人間の想像力が勝手につくりあげたものだという言葉を耳にした時、私たちはどのように考えるでしょうか。とんでもないことを言う人だと憤慨したり、ご法義に暗い人は仕方ないと諦《あきら》めたり、ご本願に出遇《あ》えないとは気の毒な人だと、悲しんだりするのが普通でしょう。確かに、このような発言をする人が、ご法義に明るいとはいえません。

しかし、この言葉そのものには、大事なことが含まれています。『無量寿経』には、法蔵菩薩が発願《ほつがん》修行して阿弥陀仏と成られたと説かれます。では、法蔵菩薩の発願のおこりは何でしょうか。親鸞聖人は、第十八願成就文の「其の名号を聞く」の「聞」について、「信文類」に、

『経』に「聞《もん》」といふは、衆生、仏願の生起本末《しょうきほんまつ》を聞きて疑心あることなし、これを聞といふなり。（註釈版聖典二五一頁）

とお示しになります。この「仏願の生起本末」が発願のおこりです。私たちは、発願のおこり、つまりご本願のおこりを聞かねばなりません。

同じ「信文類」において、私たちには清浄《しょうじょう》の心や真実の心が全くないとお示しになり、そして、

ここをもつて如来、一切苦悩の衆生海を悲憫《ひびん》して、不可思議兆載永劫において、菩薩の行を行じたまひし時、三業の所修、一念一刹那も清浄ならざることなし、（註釈版聖典二三一頁）

と、法蔵菩薩の兆載永劫《ちょうさいようごう》のご修行が述べられます。この「ここをもつて」という言葉は、まさしく清浄真実が全くない私たちこそが、法蔵菩薩の発願のおこりであることを意味しています。『歎異抄』には、親鸞聖人の言葉として、

弥陀の五劫思惟《ごこうしゆい》の願をよくよく案ずれば、ひとへに親鸞一人がためなりけり。（註釈版聖典八五三頁）

と出されてあります。親鸞聖人は、私たちのためということは、私一人のためということであると領解《りょうげ》されておられます。私一人のためのご本願ということは、罪悪深重煩悩成就の私が存在するからこそ、法蔵菩薩の発願修行があるということです。つまり、決してこの迷いの世界から脱け出すことができない私、悟りの世界に向かって進むのに役立つよう

なものは何一つ持っていない私が存在しなかったならば、法蔵菩薩の発願も修行も、ひいては阿弥陀仏としての成仏も不必要であったということであります。その意味でいえば、阿弥陀仏をつくりあげたのは、私であるといってよいでしょう。

阿弥陀仏は、決して私たち人間の想像力が勝手につくりあげたものではありません。しかし、阿弥陀仏は、実は私がつくりあげたものなのだということを聞いてゆくのも、聞法《もんぼう》の勘どころのひとつではないでしょうか。この勘どころを忘れますと、み教えが、単に知性や観念の遊戯にすぎないものとなってしまうのでしょう。（一九九〇年二月号『学びの友』）

＊　＊　＊　＊　＊　＊

中央仏教学院の通信教育の機関誌『学びの友』の巻頭講座として執筆した原稿です。この原稿は、少しひねった書き方をしてみました。「阿弥陀仏は人間が勝手に想像して作りあげたものだ」という暴言（ある仏教系の新宗教の信者から言われたことがあります）も、「勝手に想像して」という言葉をはずして、「阿弥陀仏は人間が作った」という言い方に変えてみますと、必ずしも間違いではなく、逆に一面の真理をあらわしているということに気がついたので、そのことを綴ってみたのが、この原稿です。

もっと根底にある考え方としては、世の中には、人間の尺度から見て百パーセント間違っているものは何もない。いくら、「とんでもない、ばかばかしい」と思っても、一分は真理を示しているだろうということであります。もちろん、いくら好意的に考えようとしても、「とんでもない、ばかばかしい」としか思えないものも多くあります。しかし、それはその中から真理を見つけ出すことができない、自分の未熟さかなと思っています。このように考えるのに、なにか特に、根拠があるわけではありません。根拠無しにものを言うと、恩師に叱られるような気もしますが。ただ、一見「とんでもない、ばかばかしい」としか見えないものについて、「このように見たならば一面の真理をあらわしているのではないか」という視点を発見した時には、一種の快感がえられます。この快感をえたいために、そのような視点をさがすということもあります。そして、見つからないときにも、きっとそのような視点があるのだろうなと、思うことにしているだけなのかも知れません。

西方の浄土 (一)

阿弥陀仏とその浄土について、経典には一致して西方《さいほう》にあると説かれています。たとえば、『無量寿経』には、

法蔵菩薩、いますでに成仏して、現に西方にまします。ここを去ること十万億刹なり。その仏の世界をば名づけて安楽といふ（註釈版聖典二八頁）

と説かれ、『阿弥陀経』には、

これより西方に、十万億の仏土を過ぎて世界あり、名づけて極楽といふ。その土に仏まします、阿弥陀と号す。（註釈版聖典一二一頁）

と説かれています。

ところで、最近ある講演会で、次のような趣旨の講演を聞きました。

現代人には、西方の浄土といっても受け入れられない。そもそも浄土とは、悟りの世界の一つの表現であって、悟りの世界とは方角も無く、すがたも無いが、人々に分かりやすい表現として、西方にあると説かれているのである。しかし、経典の説かれた時代と現代とでは、人々の科学的な知識が大きく違っている。現代の科学技術では、ほとんど宇宙の

果てまで望遠鏡で見ることができる。そのような時代の人々に対して、西方に阿弥陀仏のおられる浄土があると説いても、非科学的なおとぎ話として、鼻先で笑われてしまうだけである。それよりも、方角も無く、すがたも無い悟りの世界を、科学的な知識の無い人々に分かりやすいように西方にあると、説かれているだけだということを明らかにした方が良い。

表現は違っていたかも知れませんが、おおむね以上のような趣旨の講演でありました。

皆さん方は、このような主張を聞かれて、どのような感想をいだかれるでしょうか。その通りであると、うなずかれる方も多いのではないかと思います。私の感想を言いますと、賛意を表する部分もあるのですが、全面的には賛成しかねるというのが、正直な気持ちです。まず、揚げ足を取るようですが、ほとんど宇宙の果てまで望遠鏡で見ることのできる現代の科学技術で、浄土が見つからないのだから、浄土は西には無い（実は東にも南にも北にも、あるいは他の方角にも無い）、という趣旨の話がありましたが、浄土は望遠鏡で見ることのできる世界でしょうか。たとい科学技術の助けを借りたにしても、最終的には私たちの感覚でとらえることのできるようなものが、本当の浄土であるはずはありません。

少なくとも、浄土が、迷いの世界の感覚でとらえることのできない世界であるということは、経典ができあがった二千年ほど前の人々も、八百年ほど前の親鸞聖人も、すでにご承知であります。また、将来いくら科学技術が発達しようとも、浄土の存在が観測できるはずがありません。たとい現代人より科学的知識の少ない八百年ほど前の人々であっても、浄土が自力で往《ゆ》くことができない世界であると領解《りょうげ》したならば、西方を探せば浄土が見つかると考えたはずがありません。

『教行信証』は、仏教界の知識人を対象にした書物と考えられますが、一般民衆を対象としたと考えられるご和讃に、

願力成就の報土《ほうど》には　自力の心行いたらねば
大小聖人みなながら　如来の弘誓《ぐぜい》に乗ずなり（『高僧和讃』註釈版聖典五九一頁）
安養浄土の荘厳《しょうごん》は　唯仏与仏《ゆいぶつよぶつ》の知見なり
究竟《くきょう》せること虚空にして　広大にして辺際なし（『高僧和讃』註釈版聖典五八〇頁）

とお示しになっておられます。

結局、昔の人々は科学的知識がなかったから西方浄土と説いてよかったが、現代人には科学的知識があるので西方浄土と説かない方がよい、ということにはなりません。先哲も、すでにこの問題については考察を加え、地動説における西方の意味まで論じています。詳しくお知りになりたい方は、『真宗叢書』の第二巻、二〇一頁以下を参照してください。

道綽禅師《どうしゃくぜんじ》は、『安楽集』のなかで、

ただ浄土の一門のみありて、情をもつて悕《ねが》ひて趣入すべし。（註釈版聖典・七祖篇一八四頁）

とお示しになっておられますが、往生浄土の教えは、決して知的理解の上に成り立つものではなく、情的な把握が中心となるものでしょう。

情的という点からいえば、地動説を常識として知っている現代人にとっても、お日様が東から出て西に沈むという表現（地動説からいえば、地球が東へ回転するから、太陽が見えはじめたり、隠れはじめたりするというのが正しい表現です）が、感覚的になじむという面も考慮に入れて、西方浄土と説かれた意味を考えてゆく必要があるでしょう。

先哲は、無方が真実であって、西方は方便であるのではなく、無方も西方も真実であるが、往生浄土の教えは西方をもって主とすると論じ、無方にとらわれると断悪滅悪取の空（なにもないというとらわれ）に堕落するが、西方にとらわれるままが、如来の願力によって、西方即無方・無方即西方という真実に適合せしめられると論じている意味を、今一度考えてみるべきでありましょう。（一九九三年六月号『学びの友』）

＊　＊　＊　＊　＊

中央仏教学院の通信教育の機関誌『学びの友』の巻頭講座として執筆した原稿です

(同名のものが『学びの友』の巻頭言にあり、これも本書に「西方の浄土㈡」として収録しました)。同じく『学びの友』に掲載した「真宗を学ぶ姿勢」、『りゅうこく』に掲載した「論理と感性」の姿勢が継続しているということもできます。文中にある講演は、著名な仏教学者による講演でした。私はもともと理科系の学部にいましたが、この講演を聴いて、仏教が科学に迎合しているように感じました。超一流の自然科学者には、人間の知識の決して及ばない世界があると考えている方たちが多くおられるようです。ニュートンやアインシュタインも、そうであったと聞いています。かつて桐溪順忍和上が、次のようにおっしゃっていました。「お浄土をどこか遠くにある星のようなものだと受けとめていいでしょうか」という質問を受けましたが、それは異安心《いあんじん》であると答えておきました。なぜかというと、いくら遠くにある星でも、科学が発達すればロケットのようなもので往くことができるようになるかも知れません。お浄土に自力で往くことができると考えるのは異安心です。以上のようなお話でした。異安心というのは、少し極端な表現かも知れません。将来科学が発達すれば往くことができるようになるかも知れないというのと、今ここにいる私が自分の力で往くことができるというのとでは、大きく違うと思います。後者の場合はもちろん異安心でしょうが、前者もはたして異安心なのでしょうか。もちろん、『高僧和讃《こうそうわさん》』の、

願力成就の報土には　自力の心行いたらねば
大小聖人みなながら　如来の弘誓に乗ずなり（註釈版聖典五九一頁）

とのお示しからすれば、間違った理解であることは確かなのですが、今ここにいる私の力でと考えているわけではないので、異安心とまではいえないのではないかとも思えます。それでも、桐溪和上の言葉が、大変印象的なもので今でも覚えていますし、かつ和上のおっしゃりたいこともよく分かります。つまり、お浄土は、物質的な世界観で領解するべき世界ではないということです。親鸞聖人もそれを充分に心得ておられた上で、西にあるという仏説を仰がれたということができるでしょう。

自力の心

親鸞聖人は、他力の信心を「疑蓋間雑《ぎがいけんぞう》あることなし」とか、「疑心あることなし」とか、と、お示しになります。疑とは、阿弥陀如来の救いを拒否する心であり、阿弥陀如来の救いが心に入ってこないように自らの心に蓋をすることですから、疑蓋といわれます。結局、信心とは疑のない心ということができるでしょう。

では、疑とは何でしょうか。『正像末和讃《しょうぞうまつわさん》』には、「誡疑讃《かいぎさん》」と呼ばれる一群のご和讃がありますが、その最後に、

以上二十三首、仏不思議の弥陀の御ちかひをうたがふつみとがをしらせんとあらはせるなり。（註釈版聖典六一四頁）

と述べられているので、ご本願を疑う罪をお示しになるために、この一群のご和讃をお作りになられたことが分かります。さて、これらのご和讃（註釈版聖典六一一頁）のなかに、「自力称名のひとはみな　如来の本願信ぜねば」「疑心自力の行者も」「自力諸善のひとはみな　仏智の不思議をうたがへば」と示されていますので、疑と自力とが同じことであるということが分かります。つまり、疑心とは自力心であるということです。

それでは自力について、親鸞聖人はどのようにお示しになっておられるでしょうか。

『一念多念文意《いちねんたねんもんい》』には、

自力といふは、わが身をたのみ、わがこころをたのむ、わが力をはげみ、わがさまざまの善根をたのむひとなり。（註釈版聖典六八八頁）

『唯信鈔文意《ゆいしんしょうもんい》』には、

自力のこころをすつといふは、やうやうさまざまの大小の聖人・善悪の凡夫の、みづからが身をよしとおもふこころをすて、身をたのまず、あしきこころをかへりみず、

（註釈版聖典七〇七頁）

『御消息』には、

まづ自力と申すことは、行者のおのおのの縁にしたがひて、余の仏号を称念し、余の善根を修行して、わが身をたのみ、わがはからひのこころをもつて身口意《しんくい》のみだれごころをつくろひ、めでたうしなして浄土へ往生せんとおもふを自力と申すなり。（註釈版聖典七四六頁）

とあります。

これらのご文では、自力とは自らをたのむということであるとお示しになっておられるのですが、分かりやすいように、一部分省略してもう一度出してみますと、

「自力といふは、わが身をたのみ、わがこころをたのむ、……わがさまざまの善根をたのむひとなり」

「自力のこころをすつといふは、……身をたのまず」

「まづ自力と申すことは、……余の善根を修行して、わが身をたのみ」

となります。これらを見れば、親鸞聖人が、自力とは自らをたのむことであるとお示しになっておられるのが一目瞭然でしょう。この「たのむ」とは、「あてにする、たよる」という意味ですから、結局自力とは、自分自身をあてにし、自分自身にたよるということになります。

ところで、他力という言葉は、誤って用いられる場合が多いようですが、他力が誤って理解されているのならば、その反対の意味の言葉である自力も、誤って理解されていることになります。逆に、自力を誤って理解しているならば、他力も誤って理解していることになります。時に、「お寺にお参りするのは、自分の足で歩いて行くので、これは自力でしょうか」と尋ねられることがあります。先に述べたことからお分りのように、これは自力を誤解した問いです。自力とは、私たち自身の力を用いることをいうのではありません。私たち自身の用いる力をあてにすることを自力というのです。また、ご法義の上での自力・他力とは、悟りを開くとか、お浄土に生まれるという場面においてのみ用いる言葉です。つまり、自らの力をあてにして悟りを開こう（お浄土に生まれよう）というのが、自力の道であり、阿弥陀如来の力をあてにするのが他力です。

お寺にお参りするのに、自分自身の力をあてにしても、これは自力とはいいません。もし、お寺にお参りしたことをあてにして、お浄土へ生まれようとすると、これは明らかに自力です。自分自身の力をあてにして、お寺にお参りしても、それをあてにしてお浄土へ生まれようと思っていなかったならば、自力ではありません。お聴聞《ちょうもん》を重ねる、ご法義について学ぶ、いずれも大事なことですが、お聴聞を重ねたから、ご法義について学んだから救われるというのは、親鸞聖人が戒められた自力の心です。もし、自力が、私たち自身の力を用いることをいうのであれば、自力の否定である他力は、私たち自身の力を用いないこと、言い換えれば、何もしないことになります。それでは、他力が怠け者の論理になってしまいます。

親鸞聖人のご一生を見れば、何もなさらなかったどころか、関東でのご教化、京都での著作活動と、正しいご法義をひろめるために全力を尽くされた精力的なご生涯でありました。他力が怠け者の論理とならないように、もう一度自力の意味について考えていただきたいと思います。（一九九五年七月号　『学びの友』）

＊　＊　＊　＊　＊　＊

中央仏教学院の通信教育の機関誌『学びの友』の巻頭講座として執筆した原稿です。他力の誤用はよく話題になるのですが、他力という言葉が誤解されているのだったら、自力という言葉も誤解されているはずだという発想から執筆しました。また、一所懸命に念仏するのは自力なのかという問題も関連します。法然聖人《ほうねんしょうにん》は、日課七万遍乃至八万遍の念仏であったといわれますが、こんなことは一所懸命にならないと不可能です。だいいち、日課ということ自体が、自然に出るのではないということを意味しています。『蓮如上人御一代記聞書《れんにょしょうにんごいちだいききがき》』にも、

仏法のこと、わがこころにまかせずたしなめと御掟《ごじょう》なり。こころにまかせては、さてなり。すなはちこころにまかせずたしなむ心は他力なり。（註釈版聖典一二五〇頁）

と、私たちの怠け心にまかせてはならないと示されています。結局、努力することが自力なのではなく、努力を役立たせようというのが自力なのだということをいいたかったのです。努力を否定するのが、他力の教えであるはずがありません。

西方の浄土　㈡

春彼岸の季節になりました。春分・秋分の両日を中日とする一週間には、彼岸会《ひがんえ》の法要が勤められます。世界各国では、その国の風俗や歴史、あるいは宗教に基づいた特別な日を定めて、種々の行事が営まれています。しかし、春分・夏至・秋分・冬至は、本来風俗・歴史・宗教に基づくというよりも、太陽の運行という自然現象に基づいた特別な日です。もっとも、人間の思いから、それぞれの日に何かの意味を求めて、年間行事が行なわれることもあります。たとえば、冬至は一年中で最も夜が長く昼が短い日です。言い換えますと、この日までは昼が短く、夜が長くなってゆきますが、この日を境に昼が長く、夜が短くなってゆきます。夜を陰、昼を陽と見ますと、この日から陰気が衰え、陽気が盛んになるという意味で、この日は特別な日だという受けとめ方もあるようです。

さて、春秋の彼岸会法要は、平安時代にすでにその習慣があったようですが、中国の宋時代の文献には、「日本国の風俗に、春二月秋八月（どちらも当然旧暦です）彼岸修崇の辰有り」とあって、日本独自の習慣のように書かれてあります。しかし中国の善導大師《ぜんどうだいし》は、『観無量寿経』の日想観《にっそうかん》（まさに没せんとする日を観想する）について、『観経疏《かんぎょうしょ》』「定善《じょうぜん》

義《ぎ》」に、

冬夏の両時を取らず、ただ春秋の二際を取る。その日正東《しょうとう》より出でて直西《じきさい》に没す。弥陀仏国は日没の処に当りて、直西十万億の刹を超過す。（註釈版聖典・七祖篇三九六～三九七頁）

と述べておられます。春分・秋分の両日は、昼夜の長さがほぼ等しい日という意味にもとれますが、太陽が真東から出て真西に沈む日という意味にもとれます。善導大師がお示しになるのは、後者の意味です。そして、日が没する真西の方向に、阿弥陀如来のお浄土があるとお示しになります。その意味で彼岸会は、私たち浄土教徒にとって、ご縁の深いものであるといえましょう。

仏教とは、迷いの境界から悟りの境界へ歩むという教えですが、浄土教はそれを、この娑婆世界（＝迷いの境界＝此岸）から極楽世界（＝悟りの境界＝彼岸）へと教えます。悟りの世界は、もともと何方ともいえないものですが、私たちに受け取りやすいように、特に西方と示されたお心を頂戴したいものです。（一九九一年三月号『学びの友』）

師走に想う

十二月のことを師走といいます。年末になると、年内に片づけておかなければならないことや、一年の締めくくりをしておかなくてはならないことなど、さまざまな要件を処理しなくてはなりません。そこで、普段はゆったりとかまえ、ちょっとやそっとでは慌てない先生（師）までもが、慌てて走り出すということになります。十二月とは、それほど「多忙で慌ただしい月だ」ということを、師走という言葉であらわしています。

ところで、中国の善導大師《ぜんどうだいし》の書物（『観経疏《かんぎょうしょ》』「玄義分《げんぎぶん》」）に、釈尊がこの娑婆世界に出現されることを、

驚きて火宅《かたく》の門に入り、（註釈版聖典・七祖篇二九九～三〇〇頁）

といわれています。この言葉は、『法華経《ほけきょう》』に、この迷いの世界での命の危うさに気がつかず目先の楽しみに浮かれている私たちのすがたを、家が火事になっているのにも気づかず、遊びほうけている子供たちにたとえているものからきています。それを見た長者が、さまざまなてだてで子供たちを家の外に誘い出すというのが、『法華経』の譬喩の眼目なのです。家が火事になっているのを見た長者が、驚いたと説かれているのを承けて、善導

大師は、「驚きて火宅の門に入り」と表現されたのです。

如来さまは、この娑婆世界のありさまを見て驚かれたということになるのですが、実はそれほどのことで驚かれる如来さまではありません。迷いの世界のありさまなど、すでに百もご承知です。迷いの世界の危うさを知ったからこそ、悟りへの道を歩まれたのが如来さまなのです。

これは、いつもゆったりとかまえ、ちょっとやそっとでは慌てない先生までもが慌てて走り出すということで、年末の慌ただしさを表現しているのと同様に、なにごとをも見通しておられる如来さまままでもが驚かれるということで、この娑婆世界の危うさが表現されているのです。

そして、如来さまままでも驚かせるほどの危うさに、まったく気がついていない私たちの鈍感さも、併せて表現されているでしょう。師走の慌ただしさのなかにこそ、如来さまの教えに耳をかたむけなくてはなりません。（一九九九年十二月号『学びの友』）

節分

二月といえば節分です。節分とは、もともと季節の変わり目のことで、立春・立夏・立秋・立冬の前日は全て節分です。しかし、春夏秋冬というように、一年は春から始まり冬に終わると考えますと、冬から春になるときが一年の境です。

そこで、特に立春の前日の節分には、大晦日と同じように年越しの行事が行われるようになり、ヒイラギの枝にイワシの頭を刺したものを戸口にはさみ、煎った大豆をまいて厄払いをするということが行われてきました。現在でも、豆をまく行事は一般に行われていますが、そのときには、「鬼は外、福は内」とかけ声をかけながら豆をまくのが普通です。つまり、不幸をもたらす鬼を外へ追い出し、幸いをもたらす福を内に招き入れたいということでしょう。

ところで、親鸞聖人は、自らの心を蛇・サソリのような心とたとえられますが、その意味で鬼は私たちの心の中に棲《す》みついているということもできるでしょうし、あるいは鬼とは私たちの心そのものであるといってもよいでしょう。私たちの心の中に棲みついているものや、私たちの心そのものであるようなものを、外へ追い出すことはできません。

また、親鸞聖人は、悪鬼神《あくきじん》という言葉を用いておられますが、これがまだしも追い出されるべき鬼に近いでしょうか。しかし、この悪鬼神は、他力の信心をいただいた人を怖れて近づかないとされますので、わざわざ追い出す必要はありません。そしてなによりも、この悪鬼神というのは、一般的な意味での不幸をもたらす存在ではなく、悟りへの歩みを妨げる存在として位置づけられているのです。悟りが最高の幸せであり、迷いというあり方こそが不幸なのだともいえますが、一般的には幸不幸を別の形で受けとめているでしょう。地位や財産、あるいは健康などを幸不幸の基準にしていないでしょうか。それらのものは、全て迷いのなかでのことです。

仏教は、迷いから悟りへというなかでものを考えます。ですから、阿弥陀如来の救いとは、一般的な意味で「不幸を取り除き、幸せを与える」というものではなく、最高の悟りを開かせるという救いなのです。（二〇〇〇年二月号『学びの友』）

夏に思う (一)

暑い夏になりました。夏といえば、曇鸞大師《どんらんだいし》の『往生論註《おうじょうろんちゅう》』の、「蟪蛄《けいこ》は春秋を識らず」といふがごとし。この虫あに朱陽の節を知らんや。（註釈版聖典・七祖篇九八頁）

というご文を思いおこします。下の脚註に、

蟪蛄《けいこ》　夏のおわりに鳴く蟬。

朱陽の節　夏の季節。（註釈版聖典・七祖篇九八頁）

との説明があります。

この文は、「夏のおわりに鳴く蟬は、春も秋もしらないというようなものである。この虫はどうして、今が夏であるということをしっているだろうか」という意味となります。夏のおわりに鳴く蟬とは、夏のはじめに生まれ夏のおわりに死ぬ蟬だと考えられています。夏のあいだだけしか生きていませんので、当然春も秋も知ることはありません。ところで、四季とは春夏秋冬であり、夏は春・秋・冬があってこその夏です。つまり、春も秋も知らないこの蟬は、今が夏であるということも知らないということになります。

最近、一部で、親鸞聖人の教えの全てを、今現在の生きている間だけで理解していこうとする風潮が見られるように思います。現代は、生まれる前であるとか、死んだ後であるとかを考える時代ではなく、親鸞聖人の教えを現代の人々に理解してもらうためには、生まれる前や死んだ後のことを説くべきではないといったことも一つの理由でしょうか。

親鸞聖人は、『高僧和讃《こうそうわさん》』に、

曠劫多生《こうごうたしょう》のあひだにも　出離の強縁《ごうえん》しらざりき（註釈版聖典五九六頁）

とうたわれます。いくたびも生を重ねてきたが、迷いの世界を脱け出すてだて（つまり本願力）を知らなかったとの意味で、過去世の命が示されています。また『御消息』には、

この身は、いまは、としきはまりて候へば、さだめてさきだちて往生し候はんずれば、浄土にてかならずかならずまちまゐらせ候ふべし。（註釈版聖典七八五頁）

とのお言葉があり、このたびの命を終えた後の、お浄土での命を示されます。

先の『往生論註』のご文とあわせ考えてみますと、生まれる前も知らない、死んだ後も知らないということは、今生きていることの意味も知らないということになるのではないでしょうか。親鸞聖人の教えに、素直に耳をかたむけたいものです。（二〇〇一年八月号『学びの友』）

＊　＊　＊　＊　＊　＊

「西方の浄土　㈡」から「夏に思う　㈠」までは、中央仏教学院の通信教育の機関誌『学びの友』の巻頭言です。いつのまにか四篇たまりました。何月号の巻頭言をと依頼されますので、できるだけその季節に応じたものをと心がけました。この原稿に限らず、字数が限られている原稿には結構苦労させられます。多くの場合、書きたいことを全部書くと、はるかに制限枚数をオーバーしてしまいます。しかも、下書きを推敲しますと、これも多くの場合は増えてゆきます。推敲によって減ることは滅多にありません。いつも分かり易くということを心がけているのですが、読み直してみると、もう少し説明を加えないと分かりにくいだろうという思いが出てきて、説明を加えて分量が増えるということになります。連載ものですと、以前説明したことに気が付いてカットすることにより分量が減るということもありますが、このような単発ものではそういうこともありません。結局字数制限のため説明を割愛する場合も多くあります。読み返してみて、原稿を書くことの難しさをあらためて感じさせられました。

三、やわらかな眼

ありのままの姿

大遠忌の「ご消息」には、

聖人は、凡夫には清らかな心も真実の心も存在しないとお示しになりました。それは、阿弥陀如来の光に照らされて明らかになる私の姿です。

と、仏さまの目から見た私たちの有りようをお示し下さいます。

仏教では、「自分さえよければ」という思いを心の汚れとしますが、仏さまの心はそのような汚れがほんのわずかも存在しない清らかな心であり、また、嘘・偽りの全く混じらないまことそのものの心です。そのような仏さまの心からすれば、私たちには、純粋に清らかな心や、まことそのものの心は存在しません。

ところで、清らかな心も真実の心も存在しないというのは、仏さまの目から見た私たちの姿ですから、本来、私たちには分かるはずのないことなのです。親鸞聖人は、本来分かるはずのないことが分かるのは、仏さまの力によって分からせていただくのだと教えて下さいます。私たちの本当の姿は、私たち自身の力によって知ることはできません。仏教の中には、さまざまな修行によって、自らの心を清らかにし、まことにしてゆくこと、つまり自らの心を磨きあげることによって仏さまに近づいてゆこうとする道があります。自らの心を、清らかに、まことにと磨き上げなければならないと思うのは、自らの心が清らかでもなく、まことでもないことを知るからです。つまり、磨きあげなければならないと、磨きあげられる側の自分自身は問題とされています。しかし、磨きあげる側の自分自身については、果たして、自分自身を磨きあげることのできる身であるのかということが問題にされているでしょうか。阿弥陀如来という仏さまの光は、さまざまな修行によって自らを磨きあげようとしている自分自身を、自らの心を磨きあげる力を持っていない自分であることを、明らかにして下さいます。私たちが、私たち自身の本当の姿を知るためには、阿弥陀如来という仏さまの力によるしかないのです。そして、私たちに私たち自身の本当の姿を見せる仏さまの力は、光の力にたとえられます。そこで、「ご消息」に、「阿弥陀如来の光に照らされて明らかになる私の姿です」と、お示しになられます。

さて、親鸞聖人の教えによりますと、阿弥陀如来という仏さまは、私たちを自らの光の中に摂め取ってお救いになる仏さまなのです。そして、親鸞聖人は、阿弥陀如来という仏さまの救いは、「逃げる者を追いかけてつかまえるような救いだ」ともお示しになります。「逃げる者を追いかけてつかまえるような救い」というのは、どのような救いなのでしょうか。次のような状況をイメージしてみて下さい。

子供たちが、歩道で鬼ごっこをして遊んでいます。すぐ横の車道は交通量が多く、しかも、どの車もスピードを出してびゅんびゅん走っています。子供たちは、鬼ごっこに夢中で、鬼に追いかけられた子供が、車道に飛び出しそうになったりします。子供たちの内の一人のお父さんが、それを見て「危ない」と思って子供をつかまえようとします。子供は、お父さんも鬼ごっこの鬼になったと思って、きゃっきゃっと笑いながら逃げ回ります。やっと子供をつかまえたお父さんは、どうするでしょうか。つかまえた子供は、もう決して離しません。もし離したならば、今度こそ車道に飛び出して、車に轢かれるかもしれません。つまり、いったんつかまえたならば、決して逃がさないということです。阿弥陀如来という仏さまの救いは、このような救いなのです。そして、救われる私たちからいえば、いったんつかまったならば、もう決して逃げられないということです。

私たちの姿が、阿弥陀如来の光によって照らし出されるということは、私たちは阿弥陀如来の光の中にあるということです。つまり、阿弥陀如来の光に摂め取られて、もはや逃げることができない身になったということなのです。それは、清らかな心も、真実の心も無いままで、仏さまの光に包まれているという有りようです。仏さまの光に包まれているということは、また仏さまの大きな力に支えられているということでもあります。

阿弥陀如来の光に照らし出された私たちの姿は、清らかな心も真実の心も全く存在しないと知らされたということなのですが、だからといって、私たちの行いに何の意味もないということではありません。清らかな心も真実の心も無い身と知らされるということは、ただそのような我が身をなげくだけであって、ひたすら消極的になり、何も積極的なことができなくなるのだと受け取る人々もいますが、決してそうではありません。それは、親鸞聖人のご一生を見れば分かります。親鸞聖人は、清らかな心も真実の心も無い身と我が身をなげいておられますが、そのご一生は、ひたすら積極的に、ひたすら前向きに生きられたご一生でありました。

清らかな心も真実の心も無い身であるので、私たちの行いが不十分、不完全なものであるのは当然なのですが、清らかな心も真実の心も無い身がそのまま仏さまの光に包まれ、仏さまの大きな力に支えられている身なのですから、失敗を恐れることなく、前向きに精一杯努力して生きてゆく力が恵まれるのです。

「ご消息」をいただいて、「世の中が平和であるように、仏法がひろまるように」と精一杯努力させていただきましょう。（二〇一二年三月「ご消息」法話）

＊　＊　＊　＊　＊　＊

次の「毒と薬」とともに、平成二十四（二〇一二）年の一月十六日の親鸞聖人七百五十回大遠忌法要の御満座に発布されました第二十四代即如ご門主の「ご消息」（正式には「親鸞聖人七百五十回大遠忌法要御満座を機縁として「新たな始まり」を期する消息」と題されています。）に基づく法話です。この法話を依頼されたのは、私一人ではなく、数人でありました。そこで、「ご消息」全体について逐次話をするのではなく、テーマをしぼっての法話としました。参拝者（聴衆）の前での法話ではなくビデオ撮影であったと記憶しています。撮影されたビデオが、どのように用いられたのか、その時は説明を受けたのですが、今は全く記憶がありません。

読みなおしてみて、「ご消息」の全文がなくても理解していただけるだろうと思ったので、「ご消息」全文を掲載することは遠慮させていただくことにしました。

「ご消息」の中に、

聖人は、凡夫には清らかな心も真実の心も存在しないとお示しになりました。それは、阿弥陀如来の光に照らされて明らかになる私の姿です。凡夫の身でなすことは不十分不完全であると自覚しつつ、それでも「世のなか安穏なれ、仏法ひろまれ」と、精一杯努力させていただきましょう。阿弥陀如来はいつでも、どこでも、照らし、よびつづけ、包んでいてくださいます。

とのお言葉があります。このお言葉に基づき、不十分不完全な凡夫が、どのようにして精一杯努力することができるようになるのかという流れを明らかにしようと意図したのが、この法話です。果たして、意図の通りになったかどうか、読者の皆さんがご判断下さい。

毒と薬

親鸞聖人は、「凡夫には清らかな心も真実の心も存在しない」と、私たちのありのままの姿を明らかにしてくださいました。凡夫とは、お釈迦さまのお示し下さった悟りへの道、つまり仏道を歩む力が非常に劣った存在という意味で、私たちのことです。親鸞聖人は、私たちには仏道を歩む能力が全くないとまで言われています。大遠忌の「御消息」にお示しになる通りです。

仏教では、悟りへ向かって歩むためには、身も心も清らかに正しくしなければならないと説くのですが、親鸞聖人は、関東の門弟方へのお手紙に、「私たちは、むさぼりの心や怒りの心などから、してはならないことをしたり、言ってはならないことを言ったり、思ってはならないことを思ったりする」と述べておられます。また、『歎異抄』という書物の中の親鸞聖人のお言葉には、「それなりのきっかけがあれば、どのような行いでもするのが私たちだ」というものもあります。

では、清らかな心も真実の心も存在せず、言ってはならないことを言ったり、思ってはならないことを思ったりするのが私たちであるとすれば、親鸞聖人は、私たちの行い全てを否定されたのでしょうか。親鸞聖人は、またお手紙に、「してはならないことをしたり、言ってはならないことを言ったり、思ってはならないことを思ったりするのは、むさぼりの心や怒りの心などの毒に侵されているからであり、それはお酒に酔っているようなものである。しかし、阿弥陀如来という仏さまの薬を好むようになるとその酔いが少しずつ醒めてくる」とも述べられます。

阿弥陀如来という仏さまの薬とは、阿弥陀如来という仏さまの願い、「生きとし生けるもの全てに、迷いの苦しみを捨てさせ、悟りの楽しみを得させたい」という願いのことであり、その願いはまた、「そのまま救うので私に任せなさい」という、私たちへの呼びかけとなってはたらく願いなのです。親鸞聖人は、その願いを聞いて、その願いをそのまま受け取り、私の全てを阿弥陀如来にお任せするところに救いが成り立つのだと教えてくださいます。阿弥陀如来の願いにお任せした私たちは、してはならないことをしたり、言ってはならないことを言ったり、思ってはならないことを思ったりするこの私、それなりのきっかけがあれば、どのような行いでもするこの私と、自らを恥ずかしく思い、そのような私が、そのまま今、仏さまの救いの中にあることを喜ぶということになります。このように、恥ずかしさと喜びの中にあるというのが、阿弥陀如来の薬を好む身になるということです。恥ずかしいという心は、してはならないことをしたり、言ってはならないことを言ったり、思ってはならないことを思ったりすることへのブレーキとしてはたらきます。また、喜びの心は、するべきことをし、言うべきことを言い、思うべきことを思う方向へのアクセルになります。恥ずかしさと喜びとは、恥ずかしく思うときがあったり、喜ぶときがあったりと、お互い別々に生まれてくる心ではなく、恥ずかしさと喜びとが一つになっている心です。喜びは、このような恥ずかしい身が救われるという喜びであり、恥ずかしさは、救われているにもかかわらずこのようなことを、したり、言ったり、思ったりするという恥ずかしさです。阿弥陀如来の薬は、悪い行いへのブレーキとなり、また良い行いへのアクセルになります。

しかし、阿弥陀如来の薬を好むようになったからといって、貪りの心や怒りの心などの毒がすっかり無くなるのではありません。してはならないことをしたり、言ってはならないことを言ったり、思ってはならないことを思ったりすることが、お酒の酔いにたとえられていましたが、その酔いが完全に醒めるわけではありません。逆に、貪りの心や怒りの心などは、この命が終わるまで消えないとのお示しもあります。貪りの心や怒りの心などの毒は、悪い行いのアクセルとなり、良い行いのブレーキになります。阿弥陀如来の救いの中にある私たちは、阿弥陀如来の薬というアクセルによって良い行いをしようとする時にも、貪りの心や怒りの心などの毒というブレーキがかかり、貪りの心や怒りの心などのアクセルによって悪い行いをしようとする時には、阿弥陀如来の薬というブレーキがかかります。アクセルがはたらくと同時にブレーキがかかるのが、私たちの行いです。

親鸞聖人が、強く戒められたのは、「貪りの心や怒りの心などの毒というブレーキがかかっているから、私たちには良い行いができない、私たちは、貪りの心や怒りの心などの毒というアクセルによる行いをするしかないのだ」という考えです。「薬があるからといって、毒を好んではならない」ともおっしゃられます。

たとえ、貪りの心や怒りの心などのブレーキがかかっていても、阿弥陀如来の薬というアクセルによって、「世の中が平和であるように、仏法がひろまるように」と、精一杯努力させていただくことが重要です。それが、阿弥陀如来に、照らされ、よびつづけられ、包まれている者の姿であるといえましょう。（二〇一二年三月「ご消息」法話）

＊　＊　＊　＊　＊

「ありのままの姿」と同じく、「ご消息」に基づく法話です。『無量寿経』には、「かつて一善もなし（曾無一善）」という言葉があります。また、法話の中で述べましたように、『一念多念文意』には、「命終わるまで貪りの心や怒りの心はとぎれることなく続く」と示されています。このようなことから、浄土真宗の教えは、ともすれば

「私たちは、どうせ凡夫なんだから、ろくでもない行いしかできない」と受け取られがちです。しかし、そのように自らの行いを全面否定してしまうと、積極的な行動へのモチベーションが生まれてきません。親鸞聖人ほど積極的に生きられた方はおられないのに、これでは変なことになります。積極的な行動へのモチベーションとして重要なのは、報恩行ということなのですが、これについては「無償の行為」で述べていますが、無償の行為が報恩行の本質であるならば、信後の行為は全て報恩行ということになります。しかし、信後には、盗みをしたり人を殺したりすることによってお浄土に生まれて行こうと思うはずがありませんので、さるべき業縁がもよおして、それらの行為をしても、無償の行為であるゆえ、それらも報恩行になってしまいます。これはやはり変です。そこで、煩悩の毒のブレーキがかかっていても、本願の薬のアクセルがはたらいた行為が報恩行と位置づけられるのであって、逆に煩悩の毒のアクセルがはたらいた行為は、本願の薬のブレーキがかかっていても、報恩行とは位置づけられないとすると、問題が解決するのではないかと考えたわけです。ここでは、精一杯の努力が可能なのは、ご本願の薬によってであるという話のなかに、その考えを取り入れて話を展開してみました。

真実の利益

世間にはいろいろな宗教がありますが、その出発点は何でしょうか。私たちの世界やもろもろの生き物が、神によって造られたということから出発する宗教もあります。この宗教では、その神を信じ、その神の定めた掟に従うことが最も大事なことになります。

仏教の出発点は、お釈迦さまの疑問にはじまります。お釈迦さまが王子であられた頃、私たちの世界には、なぜ病や老いや死という苦しみがあるのだろうか、どうかしてこの苦しみを無くす方法はないだろうかという疑問を抱かれ、出家者のやすらかな表情を御覧になって、必ずやこれらの苦しみを解決する方法があるはずだと、お妃も子供も王子の位も捨てて、その苦しみを解決する方法を求めて旅立たれたといわれています。

また、『観無量寿経』には、我が子に我が夫を殺され、自らも幽閉された韋提希夫人《いだいけぶにん》が、お釈迦さまにむかって、

　願はくは世尊、わがために広く憂悩《うのう》なき処を説きたまへ。（註釈版聖典九〇頁）

とお願いされ、お釈迦さまが、

仏、まさになんぢがために苦悩を除く法を分別し解説《げせつ》すべし。（註釈版聖典九七頁）

と述べられたのに応じて、阿弥陀如来が空中にそのおすがたを現されたと説かれてあります。

そもそも、阿弥陀如来のご本願は、「もろもろの生死《しょうじ》勤苦《ごんく》の本を抜」（『無量寿経』註釈版聖典一四頁）くためにおこされたものであって、仏教の出発点、浄土真宗の出発点は、苦しみの解決ということにあるのでしょう。

しかも、その苦しみは、一部の人々だけの苦しみではなく、あらゆる人々に共通の苦しみです。仏教では、苦しみを「生死」という言葉で表現しますが、生まれることも死ぬことも、自分自身の意志ではどうにもならないことです。自分自身の意志ではどうにもならず、また誰も避けることのできないこととして、「生死」が挙げられているのでしょう。

『無量寿経』には、田や家を持っていないと、なんとか手に入れたいと悩み苦しみ、田や家を持っていると、いつかは無くなるのではないかと悩み苦しみ、また、それ以上のものを手に入れたいと悩み苦しむとも説かれています。これらの苦しみの根元にあるものは何でしょうか。それは、自分の思い通りにならないという不満です。自分の思いというものが、どのように理屈をはずれたものであっても、自分の思い通りになって当たり前だという思い上がりが人間にはあります。

お店の前で幼児が、「あれが欲しい、これが欲しい」と駄々をこねて、お母さんを困らせている風景を見かけることがあります。

母親というものは、可愛い我が子のためだったら、何でもするでしょう。しかし、子供のほしがる物を何もかも与えるのが、本当に子供のためになることではありません。

神社の境内には、よく願い事を書いた紙切れがぶら下げてあります。「どこそこの大学に入れますように」「すてきな恋人ができますように」「商売がうまくいってお金が儲かりますように」等等。私には、これとお母さんを困らせている子供の姿が重なって見えます。これらのことを神さまにおねがいするのは、実は自分一人だけがよければという、自分勝手な思いから出ているのではないでしょうか。

自分の思い通りにならないという苦しみは、自分の思い通りになるということによって解決するのではなく、自分の思い通りになって当たり前だという、自分中心の考え方が破られることによって解決されるのです。

親鸞聖人は、ご本願のいわれをお聞かせいただく以前は、自分中心の心にまかせて思いふるまっていたが、お念仏に出遇《あ》った今は、そのような自分中心の心を捨てようと思うところこそ、「世をいとふしるし」（『親鸞聖人御消息』註釈版聖典七四〇頁）であるとお示しになっておられます。

もちろん、私たちの自分中心の考え方は、『一念多念文意』に、臨終の一念にいたるまで、とどまらず、きえず、たえずと、（註釈版聖典六九三頁）とのお示しがあるように、簡単に切り捨てられるものではなく、一生涯続いてゆくものでしょう。しかし、それを当たり前のことと認めてしまうのではなく、そのような私を慈しみ悲しんでおられる阿弥陀如来のお心を感じるとき、そこには深い悲歎、慚愧の念が生まれてきます。

よく「どうせ凡夫だから」という言葉を耳にしますが、実はこの言葉ほど、み教えを冒瀆したものはないでしょう。しかも、その悲歎、慚愧は、同時に如来さまの光に摂め取られているという喜びでもあり、親鸞聖人はその喜びの中に一生を生き抜かれたのでありました。（一九八八年五月一日号『本願寺新報』）

＊　＊　＊　＊　＊　＊

『本願寺新報』のリビング法話として執筆したものです。これ以前に活字化されたものは、昭和六十二（一九八七）年四月発行の『現代法話大系』所収の解説と法話、同年十一月の『学びの友』の「真宗学雑感」と同年十二月の『りゅうこく』の「論理と感性」との二本のみだと思います。『学びの友』の読者は通信教育関係者、『りゅうこく』の読者は龍谷大学関係者と、ある意味限られた範囲であり、また読者層を想定して原稿を書くことができました。しかし、『本願寺新報』という範囲が広くかつ多様な読者層を想定し、かつ短くまとめなければならないという原稿は初めてであり、相当いろいろ考えて苦労したことを覚えています。この当時は勧学寮《かんがくりょう》に勤務しつつ、龍谷大学と中央仏教学院の学校教育部に週一回程度講義に出ていました。

やわらかな眼

世間にはさまざまな宗教がありますが、人々の宗教に対する態度もまたさまざまです。宗教に熱心な人もいれば、全く無関心な人もいます。現代という時代は、宗教に熱心な若者が周囲から奇異な目で見られることが多いような気がします。大学で、新入生に宗教に対するイメージを聞いても、「こわい」「あぶない」という答えが多く見られます。特にオウム真理教事件の直後は、このような傾向が顕著でした。

ところで、人々が宗教に熱心な人を奇異な目で見るとき、宗教に対する熱心さが、視野の狭さに結びついている場合が多いのではないでしょうか。もちろん、宗教は、世間の常識に従うことを教えるものではありません。逆に、世間の常識を根っこからひっくり返すことを教えるという側面も持っています。世間の常識がいつも正しいのではなく、いつも間違っているのでもありません。仏教の立場からいうならば、世間の常識とは迷いのものさしに基づいたものに過ぎず、悟りの世界のものさし、仏の眼というものさしがあることを教えるのが仏教ですから、世間の常識を根っこからひっくり返す立場を基本的に持っています。世間の常識をひっくり返すといっても、ただ非常識な指導者が非常識な教えを説くだけのものと、世間の常識にとらわれない新しい視点を教えるものとは、区別されなくてはなりません。宗教というものを、宗教的指導者に対して無批判に追随するような信者を生み出すような宗教と、それまで見えなかったものが見えるようになる眼を与える宗教とに分けるとするならば、仏教は後者の宗教ということになるでしょう。

ところで、それまで見えなかったものが見えるようになるということは、やわらかな眼《まなこ》を身につけることだということができます。

では、やわらかな眼を身につけるには、どうすればよいのでしょうか。やわらかな眼の逆は、かたい眼です。いったん身につけたものの見方を、頑として変えないというのでは、やわらかい眼とはいえません。新しいものの見方を受け容れるということは、古いものの見方にこだわらないということです。心が古いものの見方でいっぱいになっていますと、新しいものの見方を受け入れる余裕がありません。私の恩師の村上速水先生の著書『道をたずねて』（一八二頁）には、源信和尚《げんしんかしょう》の『往生要集《おうじょうようしゅう》』に引用されている龍樹菩薩《りゅうじゅ》の『大智度論《だいちどろん》』のご文、

雨の堕《お》つるに山頂には住《とど》まらず、必ず下《ひく》き処に帰するがごとし。もし人、驕心《きょうしん》もて自ら高くすれば則ち法水入らず。（訓読・村上先生）

が挙げられ、高徳の僧が、村第一のもの知りを自任する長老の驕慢心《きょうまんしん》（おごりたかぶる

心）をたしなめるために、急須から茶碗に茶を注ぐのに、溢《あふ》れてもなお注ぎ続けるという話が紹介されています。

『歎異抄』には、親鸞聖人のお言葉として、

煩悩具足の凡夫、火宅《かたく》無常の世界は、よろづのこと、みなもつてそらごとたはごと、まことあることなきに、ただ念仏のみぞまことにておはします。（註釈版聖典八五三～八五四頁）

が出されています。この中、「煩悩具足の凡夫」とは、なによりも親鸞聖人ご自身のことであったのでしょう。「どうせ世の中のことは嘘っぱちばかりだ」と、冷笑的に世の中を見ている人が時にいますが、この人には、世の中を嘘っぱちだと見る自分自身の眼が嘘っぱちであるという視座が欠けています。これでは、ただの思い上がりでしょう。

ある小説に、ローマカトリックの司祭の、

少しでも神に近づこうと思って、高い塔の頂上などで祈るようになると、逆に人間は堕落する。自分が特別な人間であるかのように思って、下に居る人々が虫けらのように見えてくるから。祈りとはできるだけ自分を低くして行うべきものだ。（取意）

との言葉が出てきます。私たち浄土真宗のものにとっても、味わい深い言葉です。（二〇〇五年八月一日号『本願寺新報』）

＊　＊　＊　＊　＊　＊

平成十七（二〇〇五）年八月一日号の『本願寺新報』に掲載された法話です。このテーマそのものを取り上げたのははじめてですが、読者に新しい視点を提供するということは、私の法話の基本姿勢の一つです。たとえば（有線放送法話「さまざまな物差し」）、トイレが汚れている中国は不潔、でも自分専用の湯船に入るのが普通の中国人から見れば日本の銭湯も不潔では？　その他、ちょっと新しい視点を提供しているつもりのものは多くあります。その意味で、この法話集全体の題にしました。

なお、最後に出てくるローマカトリックの司祭とは、この法話集の中の「本願を聞く」に登場するブラウン神父です。この姿勢は、親鸞聖人の『御消息』に引かれる法然聖人の言葉「浄土宗の人は愚者になりて往生す」（註釈版聖典七七一頁）と相通じるのではないかと思っています。

科学と宗教

科学と宗教とは、それぞれ別の領域を持っています。科学には科学の固有の領域があり、宗教には宗教の固有の領域があり、両者は互いにその領域を侵すべきではないともいわれます。

浄土の存在を考える時、この視点は重要です。本来宗教の領域にある浄土という概念を、科学の領域に持ち込んで、存在の可否を論じるのは、科学と宗教、それぞれの領域の混同でしょう。にもかかわらず、現代人の科学的常識という視点から、西方浄土の実在について疑問が提示される場面が、必ずしも少なくありません。

ところで、道綽禅師《どうしゃくぜんじ》が、『安楽集』で、

ただ浄土の一門のみありて、情をもつて悕《ねが》ひて趣入すべし。（註釈版聖典・七祖篇一八四頁）

と教示されるように、往生浄土の法門は、人間の情的側面からのアプローチを主とする法門です。浄土は、情的な把握においてこそリアリティーを持ちます。その意味で、経典等に説示される浄土の存在について、現代の常識的な宇宙観との整合性に腐心するよりも、その説示そのものが、いかに豊かな宗教感情を育ててきたのかという観点をこそ重視するべきでしょう。

もちろん、宗教感情といってもさまざまで、燃えさかる火のような激しいものもあり、埋もれ火のようなほのかなものもあり、一概することはできません。お念仏に育てられた宗教感情は、ファナティックなものではないと思います。念仏弾圧等の縁があれば、燃え上がることもあるかもしれませんが、本来は、静かにおだやかに持続してゆくものでしょう。西方の浄土を、なつかしい方々が、私たちを待っていてくださる世界としてイメージしたとき感じる、ほのぼのとした温かさが、また現実の問題に立ち向かう力を支えてくれます。これこそが、浄土の法門の真骨頂の一つではないでしょうか。（二〇〇六年十月『宗報』）

＊　＊　＊　＊　＊

次の「齢《よわい》を重ねる」とともに、浄土真宗本願寺派の機関誌である『宗報』の巻頭言（「聞思録」と題されています）に執筆したものです。同じテーマは、「論理と感性」でも取り上げられています。ある意味、私の真宗理解の根底にあるものだということができるでしょう。

齢を重ねる

世間では、若さこそが素晴らしいという風潮があり、中高年の方の若者に対する決まり文句に、「今が一番いい時だ」というものがあります。自らの青春時代を思いおこし、羨望をこめ、同時に若さの無駄遣いを戒める意味も含めるなど、複雑な思いのこめられた言葉でしょう。確かに、肉体的にも精神的にも溌剌とした青春時代はすばらしい時代です。中高年から見れば、二度と帰ってこない思い出の時代ですから、よりすばらしい時代に思えます。実は、青春時代は、その時代特有の悩み苦しみも多い、ただすばらしいだけの時代ではないのですが、やはり若さはなにものにも換えがたいものです。

仏教では、迷いの世界を苦しみの世界としますが、その苦しみの一つに老苦があります。年齢を重ねるということは、肉体的にも精神的にも、さまざまに衰えてゆくということです。そこで、人は肉体的・精神的に溌剌としていた時代を懐かしみ、現在の衰えをなげきます。ここにこそ、老苦の本質があるといえます。

ところで、肉体的能力や知的能力など、人間のさまざまな能力のピークは、それぞれ違うといわれています。知的能力についても、記憶力は十歳代にピークをむかえるともいわれますが、判断力は四十歳代や五十歳代まで登り坂のようです。そのような中には、四十歳代・五十歳代より、七十歳代・八十歳代と年齢を重ねるほど、経験に裏打ちされて、感性が豊かになってゆくものがあります。宗教的感性もその一つでしょう。

若い時代が一番いい時であるならば、その後、年齢を重ねてゆく未来は、暗いものでしかありません。しかし、逆に年齢を重ねることによって、未来にますます豊かな法味の世界が開けてくるというのが、宗教の世界であり、お念仏の世界でしょう。そのような世界があることを、若い人々に伝えてゆきたいものです。（二〇〇七年十月『宗報』）

＊　＊　＊　＊　＊

「科学と宗教」と同じく、『宗報』の巻頭言である「聞思録」に執筆したものです。テーマそのものは、私の弟弟子にあたる森田眞円先生（現在京都女子大学教授）の法話から頂きました。森田先生の法話の中で、「若い頃はよかった」という言葉を中学生が発したという話が出てきました。中学生が小学校時代を懐かしむというのは、さすがに変でしょう。中学生のときは、大人がさまざまな特権を享受しているように見えて、早く大人になりたいと思うのが普通ではないでしょうか。中学生が小学校時代を懐かしむのは、大人になることが魅力的に見えないということであり、それは大人の責任だと思います。

勧学寮に勤務していた四十歳代の頃、八十歳代の和上と身近に接し、お念仏を豊かに味わっておられるのだなあと感じることが何度もありました。年齢を重ねてゆくことのすばらしさを、教えてくださる方と出会えて幸せでした。私も古希に手がとどくところまで来ましたが、今後、喜寿、傘寿、米寿と年齢を重ねてゆくことができれば、今よりももっと、お念仏のすばらしさが味わえるのではないかと期待しています。

父の死を縁として

昨年（一九八九年）の六月に、実父を亡くしました。私は、父の四十二歳の時の子です。年齢の差は決して縮まりませんが、私が二十一歳の時、父の年齢の三分の一、そして一昨年はちょうど半分と、割合としては、だんだんと近づいてきました。これからは、父の年齢は増えず、私の年齢だけが増えてゆきます。

私は、現在真宗学を学んでおります。真宗教義の綱格や、お念仏の深い味わいを私に教えてくださったのは、恩師村上速水先生です。しかし、まだ口もまわらない私に、最初に南無阿弥陀仏のお念仏を口移しに教えてくれたのは、父でありました。また、私のお念仏の味わい方の底には、無言の内に父に教えられた姿勢が、血肉となって息づいているように思います。その意味で、私にとって父は、最初の善知識《ぜんぢしき》であります。父はお浄土に往生し、またこの娑婆世界に還り来って、如来の大悲を伝えている（還相《げんそう》）ことでしょう。しかし、もはや私の父の姿をとっていないので、私にはわかりません。

今まで私は、「生あるものは必ず死ぬ」と学び、そのように講義や法話もしてきました。しかし、実際に父の死にあいますと、この世ではもう二度と父に会えないという悲しみは深く、今まで学び、また話してきた先の言葉は、一片の慰めにもなりません。ただ、父の往った浄土にいずれ私も往くのだという思い、また還り来った父が、同じこの世界のどこかで大悲のはたらきをしているという思いは、何分か私の悲しみを癒してくれます。

そんなあるとき、『正像末和讃』の、

南無阿弥陀仏の回向の　恩徳広大不思議にて
往相《おうそう》回向の利益には　還相回向に回入《えにゅう》せり（註釈版聖典六〇九頁）

というご和讃が目に触れました。今まで、父の往生や還相ということに気持ちが奪われ、その本源である、「南無阿弥陀仏の回向の恩徳広大不思議」が、等閑になっていたのではないかということに気がつきました。お念仏を横に置いて、父の還相を求めていた自分が、恥ずかしく思われます。身近なものの死に出あったとき、その往生や還相のみに気が取られ、往相も還相も、南無阿弥陀仏のはたらきであるということを忘れるようでは、枝葉末節に気を取られて、根本を忘れているということになります。お念仏の中にこそ、父の往生も還相もあるということに、改めて思いを致す昨今であります。（一九九〇年一月『大乗』）

＊　＊　＊　＊　＊　＊

平成二（一九九〇）年の、『大乗』新年号「法味随想」に執筆したものです。当時勧学寮《かんがくりょう》に勤務していました。この法話について、寮頭の瓜生津隆雄和上から、和上のご令室が有難いと言っておられたとお褒めの言葉をいただいたことを覚えています。当時の心境を素直に綴ったものですが、今読み返してもあらためてうなずくことができます。本年四月に父の十七回忌と母の三回忌が、実家の寺で勤まりました。来年は、村上速水先生の七回忌です。お浄土での再会が楽しみな懐かしい方が、だんだんと増えてきたなと感じる昨今です。

四、南無阿弥陀仏の救い

言葉とその意味

今から二千年以上前、お釈迦さまは、菩提樹のもとで悟りをひらかれました。その時お釈迦さまは、しばらく悟りの境地の高く安らかなことを楽しまれ、ついで、その悟りの内容を他の人々に伝えるべきかどうか悩まれたといわれています。その悟りの内容は、深く高いものであり、私たちの不充分な言葉では言い表すことができず、たとえ無理に言い表したとしても、私たちには決して理解できないであろうと思われたのであります。そこで、お釈迦さまは、いったん悟りの内容を、他の人々に伝えることを断念されました。しかし、この世界の神々の主である梵天《ぼんてん》が、お釈迦さまに対して、どうか悟りの内容を私たちにお教え下さいとお頼みして、やっとお釈迦さまは、教えを始められたと伝えられています。

このお話は、悟りについて言い表すのに、私たちの言葉は大変不充分なものであり、しかも、あえてその不充分な言葉を用いて悟りについて述べられているのであるということを表しています。私たちの日常経験することでも、言葉はそのものとは違っています。空腹の時に、いくら食べ物の名前を挙げても、満腹にはなりません。また、私たちの日常の会話でも、話し手の伝えたいことと、聞き手の受け取ったこととが、食い違ってしまうというのは、よくあることです。まして、私たちが経験したことのない、深く高い悟りの境地について、これを完全に言い表す言葉はありません。しかし、言葉を使わないで、その深く高い悟りの境地について、伝えることは、また一層困難なことです。言葉は無力であるとして、言葉を捨て去ることを教えるという方法もあります。しかし、言葉を捨て去るためには、やはり、まず最初に言葉がなくてはなりません。ですから、たとえ不充分なものであっても、言葉に頼るしか、方法がないともいえましょう。

龍樹菩薩《りゅうじゅ》は、これを月と指の関係にたとえられました。指は、月を指し示すものではありますが、月そのものではありません。私たちは、指によって指し示される月を見るべきなのであって、いつまでも指にとらわれていてはいけないということです。私たちは、とかく、指によって指し示された月を見ず、指ばかり見て、爪が伸びているとか、汚れているとか批評しがちです。譬えを聞くと馬鹿馬鹿しいようですが、私たちは、同じようなことをしていないでしょうか。

『阿弥陀経』というお経のなかに、

これより西方《さいほう》に、十万億の仏土を過ぎて世界あり、名づけて極楽といふ。その土に仏まします、阿弥陀と号す。（註釈版聖典一二二頁）

という文があります。「この世界より西の方、十万億の仏の世界を過ぎたところに極楽という世界がある。その世界には阿弥陀仏という名の仏さまがおられる」という意味です。この言葉を聞いて、いくら西へ西へと行っても、地球は丸いのだから、地球の回りをぐるぐる回るだけだ。だから、そんな極楽という世界はどこにもなく、阿弥陀仏という仏さまもいないのだと思う人が居たならば、その人は指を見て月を見ていない人だといえるでしょう。

問題は、「ここより西の方へ無量の国を過ぎたところ」という言い表し方が、何を指し示そうとしているのかということです。私たちの感覚では、西というのは、太陽が沈み、月が沈み、星が沈んでゆくところです。ですから、あらゆるものがそこにかえってゆき、私たちもそこへかえってゆくところ、そこに極楽という世界があり、その世界におられる仏さまが、阿弥陀仏であるということです。しかも、その世界は遠く離れた世界であるゆえ、その世界へは簡単に往《ゆ》くことはできません。同じ『阿弥陀経』には、私たちが自ら励んだ善根は、仏さまの目から見ると、殆ど値打ちの無いものであり、阿弥陀仏が自らの功徳の全てでもって完成された南無阿弥陀仏によってのみ、その世界に生まれることができると説かれてあります。

このように、仏教ではいろいろな表現が用いられますが、私たちの狭く浅い知識の範囲内でだけ判断しないで、その言葉は私に何を教えようとしているのだろうかと、素直に耳を傾ける姿勢が、何よりも大切でありましょう。

一筋の道

「一念」といふは、信心二心なきがゆゑに一念といふ。これを一心と名づく。一心はすなはち清浄報土《しょうじょうほうど》の真因なり。（「信文類」註釈版聖典二五一頁）

これは、親鸞聖人の『教行信証』の中に出てくる言葉です。ご承知のように親鸞聖人は信心ひとつによって救われるという阿弥陀如来のご本願を明らかにされたのですが、ここでは、その信心とは二心のない一心であると示しておられます。それを受け継がれた蓮如《れんにょ》上人《しょうにん》も、「一心一向」という言葉をよく用いておられます。

さて、この「ただひとつ」というのは、実は鎌倉時代の仏教の特徴であります。越前の永平寺を本山とする曹洞宗を開かれた道元禅師《どうげんぜんじ》は、「只管打坐《しかんたざ》」といわれ、ひたすら座ることをお勧めになり、日蓮《にちれん》上人は「唱題《しょうだい》成仏」といって、南無妙法蓮華経のお題目一つによる成仏を、法然《ほうねん》聖人は「専修《せんじゅ》念仏」といって南無阿弥陀仏のお念仏ひとつによる救いを弘《ひろ》められました。鎌倉時代の祖師方はいずれも、わき目もふらずただひとつを、専らにせよと示されたわけです。

世間では、よく「どの宗教でも行き着く所は同じだ」といわれます。山のふもとから登って行く道はいくつもあるが、登り着いた頂上はただ一つだと譬えられます。確かに譬えはその通りですが、実際に山へ登っている途中の人は、「どの道を通っても頂上へ行くことができる」とは言わないでしょう。いくらたくさん道があっても、自分の登る道はただひとつのはずです。頂上へ至るために実際に歩き出した人は、ただひとつの道を選び取っているはずです。「どの道でも良い」ということは、他人の歩む道についていえることであって、自らの歩む道はただひとつです。

ただし、「ただひとつのことを、わき目もふらずに」ということが、独りよがりになってしまってはいけません。宗教とは、私の物を見る目を広げるものでなくてはならないでしょう。逆に、物を見る目が狭くなるようでは困ります。今までの自分の物の見方、考え方が、決して絶対的なものではなかった、もっと他の、物の見方、考え方があるのだということに気付かされていくのが宗教のはたらきのひとつでしょう。自分の物の見方、考え方だけが正しいとすると、他の物の見方、考え方は間違っていると否定してしまいます。

聖徳太子は「十七条憲法」の中で、

われかならず聖《ひじり》なるにあらず、かれかならず愚かなるにあらず。ともにこれ凡夫《ただひと》ならくのみ。（註釈版聖典一四三六頁）

と示されています。「私が必ず正しいのではない。他の人が必ず間違っているのではない。

共に間違いだらけの普通の人間なのだ」という意味です。

また、親鸞聖人のお言葉には、『歎異抄』に、

善悪のふたつ、総じてもつて存知せざるなり。（註釈版聖典八五三頁）

とあります。「私は善悪を深く見極め、はっきりと裁けるほど偉い人間ではない」という意味でしょう。

しかし、親鸞聖人には、

火宅無常の世界は、よろづのこと、みなもつてそらごとたはごと、まことあることなきに、ただ念仏のみぞまことにておはします（『歎異抄』註釈版聖典八五四頁）

というお言葉もあります。この世のこと、中でも私自身は、うそ、いつわりばかりであるが、ただお念仏だけがほんとうのものであると言われるのです。お念仏というほんとうのものに出会って、私自身のうそ、いつわりに気付かされたということでしょう。そこには、他のものを依り処とせず、南無阿弥陀仏ひとつを依り処とするという「一心一向」ということが窺《うかが》えます。まず、「ただ、このことひとつ」という選び取りがあり、他の選び取りも受け入れる柔らかな物の見方が出来るのです。

ひとつの分野で一流といわれる人は、他の分野のことについても、鋭い目を持っていますす。そういう目を持つことができたのは、ひとつのことについて、わき目もふらず突き進

んだからでしょう。しっかりした中心があってこその、柔らかさであるべきです。自分の考えを持たない、ただ他人のいうがまま、ふらふらしているという柔らかさでは困ります。私たちが、宗教に対する態度も、寛容であると同時に、節操を持たなければならないでしょう。寛容という仮面をかぶった節操の無さ、節操という仮面をかぶった独善という落し穴に落ちないように、気を付けなければならないでしょう。

自分中心のものの見方

現在、日本人のほとんどが仏教徒であるといわれ、海外へ旅行した時などに、日本人であることが分かると、外国人から仏教について尋ねられることも多いようです。しかし、その割には、仏教について正しく理解しておられる方は少ないようです。

では、仏教というのは、どのような教えでしょうか。仏教は、基本的には、迷いから悟りへ向かって進んで行く教えです。では、迷いとは何であり、悟りとは何でしょうか。世界には、色々な宗教がありますが、それらの宗教の中で仏教の特色といえば、智慧の宗教であるということができるでしょう。仏教で智慧とは、物事のありのままの姿を、ありのままに見ることをいいます。私たちは、物事のありのままの姿を、ありのままに見ておりません。何かを見るときに、その物のうえに、好きだとか、嫌いだとか、美しいとか、醜いとか、役にたつとか、役にたたないとか、値段が高いとか、安いとか、私の側の勝手な見方をかぶせて見てしまいます。また、私たちには、物事に対する先入観や偏見がありま す。その先入観や偏見をかぶせて、物事を見てしまいます。いくつか、例を挙げてみましょう。私たちは、北国とか、北風という言葉を聞きますと、寒いとか、冷たいとかという感じを受けます。逆に、南国とか、南風という言葉を聞きますと、暖かいという感じを受けます。日本では、もともと家を南向きに建てたものです。現在のように、都会で家が建て込んできますと、南向きばかりには家が建てられませんので、南向きの家が家賃が高いということになります。これは、私たちが日本という北半球の国に住んでいるからです。南半球のオーストラリアへ行きますと、これが逆になります。オーストラリアの人々は、北国とか、北風という言葉を聞くと、暖かいという感じを受け、南国とか、南風という言葉を聞くと、冷たいとか寒いという感じを受けます。オーストラリアでは、家を北向きに建てるのが普通だそうです。北風と太陽というイソップ童話がありますが、オーストラリアでは南風と太陽にしませんと、意味が分からなくなるでしょう。

ですから、私たち日本人とオーストラリアの人々が会話をして、北とか南とかの言葉が出てきますと、お互いに全く逆の感じを持って、話が通じないということもあります。これは、北とか南とかという言葉には、元々、冷たいとか暖かいという意味がないのに、私たちが、勝手にそういう意味を付け加えてしまうからです。

それから、よくいわれることですが、世界地図の問題があります。私たち日本人が目にする世界地図は、ご存じのように、太平洋が真ん中にあり、日本は真ん中の上の方にあります。ところが、欧米の世界地図では、大西洋が真ん中にあり、日本は右端の塵のような島です。日本が真ん中にある世界地図を見て、世界の中の日本の位置を考えるのと、日本が端の方にある世界地図を見て、世界の中の日本の位置を考えるのとでは、大きく違ってくるのは、いうまでもありません。

私たちが、周りの世界を見回す時、自分の目より下にあるものは低く見え、上にあるものは高く見えます。当然ながら、私たちの目は、私たち自身の頭に付いています。ですから、私たちが周りの世界を見ると、自分が世界の中心に居るように見えます。自分を中心に世界が回っているように見えます。このような見え方によって、私たちのものの考え方まで、自分が世界の中心に居るようにしてしまいます。自分を中心に世界が回っているように考えてしまいます。大人になって、世の中の仕組みが分かってくると、自分を中心に世界が回っているのではないということが、分かったように思いますが、それは頭で分かったように思うだけで、自分を中心に世界が回っているという考え方は、心の奥底に染み付いています。それが、何かを引き金にして、突然爆発することがあります。

このような、自分中心のものの見方、考え方を迷いといい、ものありのままの姿を見る智慧の眼を得ることを、悟りといいます。そして、迷いから悟りへの道を教えるのが、仏教の基本ということになるでしょう。（一九八九年三月十一日）

さまざまな物差し

先月の十八日から二十九日まで、中国へ旅行してまいりました。仏教は、インドから中国を経て日本に伝わって来たのですが、そのインドから中国へ伝わって来た道の内、中国の西の端の砂漠地帯を中心にして、十二日間の旅でした。砂漠地帯は、日中の温度四十三度、湿度十パーセント、一年間に降る雨の量は十六ミリ程の、ひたすら乾燥した気候です。

多くの先人が、言葉では説明できないような苦労を重ねて、仏教を中国へ伝えて下さったのですが、今回の中国旅行で、その一分なりとも感じられたように思います。私たちが、バスで移動した砂漠の中の道は、エンジンが焼け付くおそれがあるので、クーラーもかけられない程の暑さで、ここをらくだの背に乗ったり、あるいは自分の足で一歩一歩、歩んだりした多くの先人のご苦労があってこそ、初めて私たちがこの日本で仏教に出会えたのです。

私も含めてメンバーのほとんどが、喉をやられました。又、水が良くなく、料理も日本で普段口にしないような羊の油などを使っているようで、胃腸が驚いたのか、これまたメンバーのほとんどが下痢に悩まされました。

早朝からびろうな話で恐縮ですが、下痢といえば、中国のトイレ事情は決して良くありません。ホテルのトイレは清潔なのですが、一歩外へ出ますと、私たち日本人にとっては、非常に不潔に感じられるトイレばかりです。マスクをしないと、悪臭で気が遠くなりそうなところです。それでも、日本に比べると数は大変多く、どこにでも公衆トイレがあり、外で行なっている人はほとんど見られません。その意味では、日本人の方が行儀が悪いように思いました。

メンバーの内、日本の銭湯にあたる公衆浴場に行った者がおりました。その話によれば、日本の銭湯のような大きな湯舟があるのではなく、ホテルにあるような一人用の湯舟が、一部屋に五つほどあり、係員が鍵を使って湯を出してくれたそうです。

中国旅行をした人の話を聞きますと、まずトイレの話が出てまいります。そして、中国という所は大変不潔なところだという人も多いようです。確かにトイレは日本人の目から見ると非常に不潔で、最初に利用する時は、ぎょっとして一旦入り口で立ち止まるほどです。しかし、それだけで、中国の人が日本人より衛生観念がないと、決め付ける訳にはいきません。先程もお話ししたように、中国の人々は、ほとんど外で用を足しません。また、公衆浴場の仕組みは、日本より衛生的のように思います。日本人が中国のトイレを見て、中国人の衛生観念がどうなっているのだろうと思うのと同じように、中国の人々が日本の銭湯を見ると、目を丸くするかも知れません。見も知らない他人と、平気で同じ湯舟に入る日本人の衛生観念は、一体どうなっているのだろうと、驚くのではないでしょうか。

私たちは、自分の感覚を絶対のものとして、それを物差しとして、良いとか悪いとか決め付けます。しかし、同じ日本人同士でも、物差しは少しずつ違います。まして、世界には色々違った生活習慣があり、それに従って色々な物差しがあります。自分の物差しを振り回して、悪口を言うことはいかがでしょうか。

親鸞聖人は、『歎異抄』で、

煩悩具足の凡夫、火宅《かたく》無常の世界は、よろづのこと、みなもつてそらごとたはごと、まことあることなきに、（註釈版聖典八五三～八五四頁）

とおっしゃっておられます。世の中のことは何一つとして当てにならないということでしょう。そして、親鸞聖人は、何ひとつとして当てにならないものの中で、一番当てにならないのは、自分自身であるともおっしゃっておられます。お互いに自分の物差しが正しいと振り回す世界には、争いがたえません。相手の物差しも正しくないかも知れないが、自分の物差しはもっと当てにならないというのが、親鸞聖人の姿勢であったと思います。

先の言葉に続いて、親鸞聖人は、

ただ念仏のみぞまことにておはします（註釈版聖典八五四頁）

と結ばれます。お念仏を口に出している私は当てになりませんが、口から出ているお念仏そのものは確かなものであります。それなのに、「お念仏なんて当てにならない。自分自身こそ当てになる」と思って、お念仏している人が多いのではないでしょうか。（一九八九年九月二十三日）

南無阿弥陀仏の救い

お早ようございます。仏教は、大きくわけて二つに分かれるといわれます。ひとつは、私たちのこの世界において、迷いを出て悟りをひらくという道であり、もうひとつは、如来さまの世界、すなわちお浄土に生まれて悟りをひらくという道です。私は浄土真宗の僧侶ですから、後の方の道について、少しお話しさせていただきます。

中国に、善導大師《ぜんどうだいし》という方がおられました。唐の時代すなわち、日本では天智天皇から天武天皇の時代に活躍した人です。この善導大師の時代に、ひとつ問題になったことがあります。それは、『観無量寿経』に、一生涯悪事ばかりを続け、善いことは、爪の先程もおこなわなかった人、まして仏教にふれることもなかった人が、命終わろうとする時に、善知識《ぜんぢしき》の教えによって、南無阿弥陀仏のお念仏ひとつで阿弥陀如来のお浄土に生まれることができたと説かれています。このことについて、一生涯悪事をなし続けた人が、たかがお念仏でお浄土という素晴らしく高い世界へ生まれるはずがないという見方をする人々がおりました。それに対して善導大師は、我々の自前の力でお浄土へ生まれるのではない。我々の自前の力では、たとえ聖人といわれるほどの立派な方でも、お浄土に生まれることはできない。お浄土に生まれることができるのは、ただ阿弥陀如来のお力のみによることを明らかにされました。ですから、一生涯悪ばかりを造り続けたような者でも、阿弥陀如来のお力によって、お浄土に生まれることができるのであるとお示しになられたのです。そして、阿弥陀如来のお力とは、南無阿弥陀仏であり、お念仏とは、その南無阿弥陀仏のお力に身も心もゆだねることを意味します。

私たちは、お念仏を自らの行いのように考えています。自らの行いであるのならば、聖人といわれる立派な方々のお念仏には値打ちがあり、凡夫といわれるつまらない人々のお念仏には、値打ちがないということになります。しかし、お念仏の値打ちは、私たちの能力によって左右されるようなものではありません。お念仏は、私たちの口から出るものでありながら、如来さまそのものであります。人の悪口や、嘘や、ほらばかりが出てくる私の口から、如来さまそのものが出てきて下さるのです。明治のころの高僧が、

われとなえわれきくなれど南無阿弥陀つれて行くぞの親のよび声

という歌を作っておられます。お念仏は、どうか救って下さいと、私たちから如来さまに向かって、お願いし、呼びかけるのではありません。逆に、如来さまから私たちに向かって、「必ず救う」と、よびかけてくださるお喚《よ》び声であります。私たちは、如来さまから、「どうか私に救わせてくれ」と願われ、「必ず救う」と呼びかけられているのであります。

如来さまにお願いし、如来に呼びかけている私ではなく、如来さまから願われ、呼び続けられている私です。

お念仏は、私の行いとしては、簡単にできる行いです。一般に、聖人といわれる立派な方々にしかできない行には値打ちがあり、凡夫といわれるつまらない人々にもできる行は値打ちがないと思われています。専門の学者にしか分からない本は値打ちがあり、幼稚園の子供でも分かる本はあまり値打ちがないというように思われています。その意味で、簡単にできるお念仏には、あまり値打ちがないようにいわれます。しかし、病気と薬の関係で考えてみればどうでしょうか。ほとんど健康な人と変わらないような病人をなおす薬と、生きるか死ぬかの重態の病人をなおす薬と、どちらが値打ちがあるでしょうか。いうまでもなく、生きるか死ぬかの重態の病人をなおす薬の方が値打ちがあります。自分の力で、立派な行いができるような聖人といわれる方々が悟りへいたることのできる道と、自分の力では、決してこの迷いの世界から脱け出すことができず、最後には地獄に堕《お》ちるしかないような人々を、悟りの世界であるお浄土へ生まれさせる如来さまのお力であるお念仏とを比べてみた時、お念仏は簡単だから値打ちがないとはいえないでしょう。

法然聖人に、

極悪最下の人のために極善最上の法を説く（註釈版聖典・七祖篇一二五八頁）

という言葉があります。お念仏は、どうしようもない私たちを救うおみ法《のり》であるからこそ、尊いのであります。歩いていても、座っていても、寝ていても、朝でも、昼でも、夜でも、我が家でも、お寺でも、旅行先でも、いつでも、どこでも、如来さまそのものであり、如来さまのお喚び声であるお念仏は、いつも私とともにあります。如来さまのお名前が、私の口から出てくるということの意味を、深く味わってみたいものです。（一九九〇年四月十四日）

他力の救い

皆さん、おはようございます。私たち浄土真宗の言葉に、「他力」という言葉があります。浄土真宗においては、大変大事な言葉の一つです。ところが、この他力という言葉は、世間では、あまり良い意味では使われない場合が多いように思います。自分は何も努力しないで、棚からぼたもちが落ちてくるのを待つような意味で、受けとめられているようです。そこで、「他力は横着な考えだ。人間は自力で頑張らなければ駄目だ」という声を聞くこともあります。確かに、他力が、自分は何も努力しないで、棚からぼたもちが落ちてくるのを待つような、あなた任せを教えるのだとすれば、それは、怠け者を作り出すだけの教えになってしまうでしょう。

しかし、他力とはそのような考え方をいうのでしょうか。まず、親鸞聖人は、「行文類」で、

他力といふは如来の本願力なり。（註釈版聖典一九〇頁）

とおっしゃっておられます。つまり、人間同士の間で、他人の力をあてにするという意味ではなく、全く次元の違う如来さまのはたらきについて、他力ということをおっしゃって

おられるということです。次に、他力という言葉は、悪人という言葉と密接な関係があります。親鸞聖人は、ご自身のことを罪悪深重《ざいあくじんじゅう》と歎《なげ》いておられます。しかし、親鸞聖人がそれほどの悪人であったとは考えられません。私たちの目から見ると、正しく聖人と讃嘆《さんだん》されるような立派なお方でありました。ですから、親鸞聖人がご自身を罪悪深重とおっしゃられたのは、人間世界での価値基準でいわれたのではないということになります。いつも「私にとっての都合」という、ご都合主義的な判断の上からの行動しか出来ない人間の自己中心性は、阿弥陀如来の目から見ると、正しく罪悪深重と悲しまれなければならない存在であったということでしょう。

「人間は自力で頑張らなければ駄目だ」という考えは、逆にいえば「人間は自力で何でも出来る」ということではないでしょうか。この迷いの世界から脱け出し、悟りの世界に至るのに、私の持っている能力や素質は、果たして役に立つのでしょうか。世間的なことにおいてさえ、人間は自分一人の力で生きているわけではありません。自然の恵み、多くの人々の力がなければ、一度の食事も出来ないのではないでしょうか。自分一人の力でなんでも出来ると思うのは、思い上がりとしかいえないでしょう。

また、親鸞聖人の師である法然聖人《ほうねんしょうにん》は、七万遍あるいは八万遍のお念仏を日課としておられたと伝えられています。もし「南無阿弥陀仏、南無阿弥陀仏、南無阿弥陀仏」と、一分間に八十回ほどのお念仏をしたとして、七万遍ですと約十四時間半、八万遍ですと、約十六時間半かかります。起きている間は、食事をしている間や、他人と会話をしている間を除いて、ほとんどお念仏のし続けということになります。そして、法然聖人は自らのお念仏を、他力の念仏とおっしゃっておられます。これは、決して怠け者の態度ではありません。我が口から出る南無阿弥陀仏でありながら、それは如来さまがはたらいていてくださるお姿とうけとめられたのが法然聖人です。

　ですから、他力とは、どれほど努力しても、それを自分の努力として、自分の手柄として誇るのではなく、如来さまのはたらきとして、お蔭さまとうけとめる世界でありましょう。親鸞聖人が、『正像末和讃』に、

　無慚無愧《むざんむぎ》のこの身にて　まことのこころはなけれども
　弥陀の回向の御名《みな》なれば　功徳は十方にみちたまふ（註釈版聖典六一七頁）

とうたわれたのも、ただ我が身の行いとしての念仏であったならば、なにほどの値打ちもないが、お念仏は、如来さまのはたらきであるがゆえに、素晴らしい値打ちがあると喜ばれたものでしょう。（一九九〇年十月二十七日）

悪人の救い

おはようございます。私は、熊川の覚成寺の住職です。覚成寺は、浄土真宗のお寺ですので、私は浄土真宗の僧侶です。一口に仏教といっても、いろいろな宗派に分かれています。そして、仏教についての考え方も、宗派によって違っているところがあります。もちろん、同じ仏教である以上、大もとの考え方は一致しています。たとえば、迷いの世界から、悟りの世界へ歩んで行く道を求めているという点では、たとえ宗派が違っても、変わりはありません。しかし、具体的に、私が悟りの世界へ歩んで行くという点になりますと、考え方が違ってきます。いろいろ難しいこともあるのですが、私に最も適した道を選ぶのが、一番大事でしょう。

さて、先程も申しましたように、私は浄土真宗の僧侶ですから、浄土真宗のお話を致します。この放送を聞いておられる方々の中には、禅宗や真言宗、日蓮宗など、浄土真宗以外の方々も多くおられるでしょうが、私に関係が無いとスイッチを切らずに、一応聞いてみて下さい。たとい宗派が違っても、何か通じるものがあるかも知れません。

浄土真宗の開祖、親鸞聖人のお言葉に、

善人なほもつて往生をとぐ。いはんや悪人をや。（『歎異抄』註釈版聖典八三三頁）

というお言葉があります。「善人でさえ往生することができる。まして悪人は、いうまでもなく往生することができる」という意味です。これは、常識的には不思議な言葉です。私たちの常識では、「あんなつまらない者でさえ救われるのだから、まして立派なものはいうまでもなく救われるだろう」と考えるのが普通でしょう。現に親鸞聖人も、先の言葉に続いて、世間の常識は逆だろうと言われています。この不思議な言葉の意味を考えてみる時、大事なことがあります。それは、救われるというのは、自分の力で救われるのではないということです。海で事故があって、船が沈んでゆく時を考えてみて下さい。真冬の冷たい水の中を、何時間もかけて何キロも泳がなければ助からないのならば、泳ぎが上手で、体力のある若者の方が、体力もなくろくに泳げないお年寄りよりも助かり易いのは、当たり前です。しかし、実は船が沈む時には、ボートを降ろします。そして、そのボートには、体力の無いお年寄りを優先的に乗せるのが、海のルールになっています。この場合はどうでしょうか。冷たい水の中を、何時間も泳ぐより、ボートに乗った方が助かり易いでしょう。

自分の力で救われる、助かるのならば、あんなお年寄りでも助かったのだから、まして元気な若者はいうまでもなく助かっただろう、と考えるのが当然です。しかし、ボートの力で救われる、助かるのならば、あんな元気な若者でもボートに乗せてもらって助かったのだから、ましてお年寄りは、いうまでもなく、ボートに乗せてもらって助かっただろう、ということになるでしょう。如来さまの救いも同じことです。まず、自分の力ではどうしようもない者を救わなければというのが、如来さまのお立場です。

ここで、注意しなければならないのは、如来さまは、どうしようもない悪人がお気に入りなのではない、ということです。出来の悪い子ほど可愛い、という言葉があります。親は、出来の悪いということが、気に入っている訳ではありません。もっともっと出来が悪くなれと思う親はおりません。出来の良い子も出来の悪い子も、親は同じように可愛いのですが、出来の良い子は心配する必要がなく、出来の悪い子は心配で仕方がないのが親心です。同様に、如来さまのお慈悲は、善人にも悪人にも、同じように注がれているのですが、悪人はほっておけないというのが、如来さまのお心です。

「悪人こそが救われる」という教えを聞き誤って、悪事のし放題と考える人は、「出来の悪い子ほど可愛い」という言葉を聞いて、親はもっともっと出来が悪くなることを望んでいると勘違いをしている子供と同じです。（一九九二年六月十三日）

仏の心

おはようございます。今年もいよいよ押し詰まり、何かと気ぜわしい毎日です。今頃の時期になりますと、この一年、一体何をして生きてきたのかを考え、とりたてて何もしてこなかったような気がして、来年こそはと思うのですが、結局毎年同じことの繰り返しになってしまいます。このようにして毎年を過ごし、何もしないまま一生を終えてしまうのかも知れません。

しかし、それでは余りにも寂しい一生です。一年の最後に、「この一年何をしてきたのであろうか」と考えるように、「私が一生涯かけてしてきたことは、何であったのか」と考える一生の最後が、必ず訪れてきます。一年の最後ですと、来年こそはということができますが、一生の最後には、次の一生こそはと簡単に考えることはできません。蓮如上人《れんにょしょうにん》が、『御文章』に、

まことに死せんときは、かねてたのみおきつる妻子も財宝も、わが身にはひとつもあひそふことあるべからず。（註釈版聖典一一〇〇頁）

とお示しになられますように、我が身一つで旅立って行かなくてはならない人生の最後に

あたって、驚き慌てても、もはや遅すぎるといわねばなりません。普段元気なうちに、確かな如来さまのお言葉に耳を傾け、確かなものを頂戴しておかなくてはなりません。

さて、お経の中のお釈迦さまのお言葉に、

仏心とは大慈悲これなり。無縁の慈をもつてもろもろの衆生を摂したまふ。(『観無量寿経』註釈版聖典一〇二頁)

というものがあります。その意味は、「如来さまのお心とは、すなわち大慈悲である。それは、無縁の慈悲をもって生きとし生ける者を摂めてくださるお心である」というものです。それでは、「無縁の慈悲」とは何でしょうか。

仏教では、慈悲に三種があるとされます。その第一は小慈小悲であり、衆生縁の慈悲といわれます。その第二は中慈中悲であり、法縁の慈悲といわれます。その第三が大慈大悲であって、無縁の慈悲といわれます。第一の小慈小悲、すなわち衆生縁の慈悲とは、現に苦しんでいる者を見て、何とかしてやりたいという気持ちを起こすことです。第二の中慈中悲、すなわち法縁の慈悲とは、一切の生きとし生ける者はみな平等であるという道理から、一切の生きとし生ける者に対して起こすものをいいます。そして、最後の大慈大悲、すなわち無縁の慈悲とは、苦しんでいる者を見て起こる気の毒だと思う感情や、一切の生きとし生ける者はみな平等であるという道理などから起こるものではなく、そのものの性質として自然に起こってくるものをいいます。この無縁の慈悲は、如来さまの慈悲ですから、如来さまの性質として自然に起こってくる慈悲が無縁の慈悲であり、これが大慈大悲といわれます。

『往生論註《おうじょうろんちゅう》』という書物には、如来さまの心のはたらきが、一切のものを区別しないことを、大地が万物を載せるのに、重い軽いを区別しないように、水が草を潤すのに、毒草と薬草の区別をしないように、火が物を燃やすのに、良い匂い悪い臭いを区別しないようにと譬えられています。大地が物を載せたり、水が物を潤したり、火が物を燃やしたりする時、感情から出発するのではないのは、当たり前ですが、一切は平等であるという道理を考えてするのでもありません。大地は、物を載せる性質があり、水は物を潤す性質があり、火は物を燃やす性質があり、それぞれ、そのものの性質として、自然に物を載せたり、潤したり、燃やしたりしているのです。同じように、如来さまの大慈悲も、如来さまの本来の性質から、自然に私たちを救うというはたらきが起こってくるのであります。そして、載せる物が重ければ重いほど、大地の物を載せるという性質が明らかになるように、私たちの罪が重ければ重いほど、如来さまの大慈大悲はいよいよ明らかになってまいります。如来さまの大慈大悲を受け取る私たちの立場からいえば、自らの罪の重さを思うほど、如来さまの救いがいよいよ確かになってくるのであるといえましょう。普段なかよくしていた人々も、普段大事にしていた財産も、何一つとして付いてきてくれない死への旅立ちの時、しっかりと抱いて下さる如来さまのお慈悲を、元気なうちに頂戴しておかなくてはなりません。皆様、如来さまのお慈悲にいだかれた良いお年をお迎え下さい。（一九九二年十二月二十六日）

頭の下がる身

中国の善導大師《ぜんどうだいし》という方のお言葉に、

また仏の密意弘深《みついぐじん》なれば、教門をして暁《さと》りがたし。三賢《さんげん》・十聖《じっしょう》測《はか》りて闚ふところにあらず。いはんやわれ信外《しんげ》の軽毛《きょうもう》なり。あへて旨趣を知らんや。(『証文類』註釈版聖典三一一～三一二頁)

というものがあります。その意味は、「如来さまの思し召しは弘《ひろ》くて奥深いから、その教えの意味はなかなか知り難い。尊い菩薩方でさえ、はかりうかがうところではない。まして、私は、尊い菩薩方に比べれば、吹けば飛ぶような身である愚かな凡夫である。どうして、その思し召しをはかり知ることができようか」というものです。善導大師は中国、唐の時代の方で、学識に優れ、非常に徳の高い高僧として知られています。その善導大師が、自らを「吹けば飛ぶようなほど軽い愚かな凡夫」とおっしゃっておられます。振り返って、現代の世相を見た時に、考え方が余りにも人間中心になっているように思います。「この地球上で人間が一番優れている、この世の中にある素晴らしい物は、全て人間が造り出したものだ」というふうに考えている人々が多いように思えます。

そして、少し肩書が付いたりすると、周りの人より偉くなったように思って、なかなか他人のいうことに耳を傾けようとしなくなります。こういう姿勢は、宗教に対してもあらわれてきます。たとえば、私は浄土真宗の僧侶ですが、浄土宗や浄土真宗という宗派は、インド・中国・日本と伝えられてきた仏教の流れの中のひとつである浄土教という教えの流れに属しています。この浄土教では、命終わって阿弥陀如来さまのお浄土に生まれてゆくことを教えるのですが、多くの人々の中には、「命が終われればそれで全てが終わるのだ、命終わった後に生まれて行くような世界があるというのは、昔の科学が進んでいなかった時代の人々が、勝手に思い付いた迷信の一つだ」というようにいう人も居ます。

確かに科学は発達してきています。千年前の科学と、現在の科学を比べてみれば、その進み具合の違いは、恐ろしくなるほどです。しかし、芸術などはどうでしょうか。ギリシア時代の芸術であっても、現代の人々に大きな感銘を与えます。哲学や文学などもそうです。傾向は変わってきていても、決して発達しているとは思えません。とすると、私たちの人間性というのは、昔から今に至るまで、ほとんど変わっていないのではないでしょうか。宗教もそうだと思います。過去の多くの優れた人々を引き付けて、現在に至るまで連綿と続いてきた宗教は、たとい科学が発達しても変わらない人間性の奥底に触れるものがあるから、消え去らなかったのではないでしょうか。今現在の自分自身の物差しで全てを計ってしまうのではなく、私たちには計り知れない、奥の深い世界があるという姿勢が大事であります。人間の間の基準でいえば、学識優れ高徳の僧であった善導大師が、「尊い菩薩方に比べれば吹けば飛ぶような我が身が、如来さまの深い思し召しを知ろうなどとはとんでもない」と、ひれ伏されたことを思わせていただきたいものです。そして、如来さまの前で頭が下がる身になってこそ、如来さまの暖かいお慈悲が感じられるのであります。

（一九九三年十二月三日）

＊　＊　＊　＊　＊　＊

大阪から福井の寺に入寺しましたが、有線放送の早朝の番組として、町の仏教会による法話があり、その出演が順番に回ってきます。出演といっても、法話を吹き込んだカセットテープを町役場に届けるということで、スタジオで録音するのではありません。自分で原稿を作り、時間内におさまるようにゆっくりと朗読をして、カセットテープに吹き込んでゆきます。最後に近いところで読み間違えて、もう一度最初からということになったり、わずかな時間のテープを作成するのですが、結構手間がかかりました。平成十三年度に町のケーブルテレビがはじまり、この企画も終わりました。たまった原稿を今回活字化することにしました。「言葉とその意味」から「頭の下がる身」までの九話がそれです。仏教会の番組という性格上、他宗の人が聴いているということを意識しています。形式としては題がないのですが、適宜題を付けました。また、御讃題《ごさんだい》を最初に拝読したものもありましたが、統一のため、省いたり、文中に入れ込むなどの処置をとりました。なお、何年何月何日に放送されたものかということについては、記録をとっていませんので、さっぱり分かりません。順序も、古い順にということができませんでしたので、適当に配列しました。ただ、いくつかの原稿には、最後に年・月・日が付いていました。また、「さまざまな物差し」については、平成元（一九八九）年の中国旅行に基づいています。「篠島先生を偲んで」にも書きましたが、先生との最初の中国旅行で、今も鮮明に覚えています。

夏に思う (二)

夏の仏教行事にお盆があります。正しくは盂蘭盆会《うらぼんえ》といい、梵語のウルラムバナの音を写した言葉です。『盂蘭盆経』には、次のように説かれています。お釈迦さまのお弟子の目連尊者《もくれんそんじゃ》（大目犍連《だいもくけんれん》）が、なにものをも見通す天眼通《てんげんつう》という神通力によって、餓鬼道に苦しんでいる両親のことを知りましたが、自らの力では救うことができませんでした。そこで、お釈迦さまに両親を救う方法をお聞きしたところ、雨期の間に仏弟子が一処に集まり座禅修学に励む安居《あんご》の末日に、大衆に奉仕することを教えられ、両親を救うことができました。これに基づくのが、お盆という行事です。

仏教の各宗派によって、お盆の意義はいろいろ変わります。私は、浄土真宗の僧侶ですから、浄土真宗でのお盆の意義を申しますと、お盆は如来さまのご恩を感謝する行事のひとつです。浄土真宗では、ご先祖が餓鬼道などの悪道に落ちているとは考えません。阿弥陀如来の本願力によって、美しい仏さまとなっておられるのです。万一ご先祖が悪道に落ちているとしても、私たちは救う力を持っていません。私たち自身が、阿弥陀如来の本願力によって、自由自在に人々を救うことのできる仏になることしかありません。

お盆は、生きとし生けるものすべてを救ってくださる阿弥陀如来のご恩に感謝し、すでに美しいみ仏となられた多くのご先祖から、常に見守られ、思われていることを思いおこすための大切な行事であります。（『心の窓』）

縦糸と横糸

中国唐の時代の善導大師《ぜんどうだいし》という方の書かれた書物の中に「経は経なり」という言葉が出てきます。「山は山です」というように、同じ言葉をかさねていっているだけのようで、意味がないように見えますが、実は前の経と後の経とは意味が違うのです。前の経は、お釈迦さまの教えのことで、後の経は縦糸という意味です。地球に縦線を引いたものを経線といいます。兵庫県の明石に、日本の標準時を決める、東経一三五度の経線が通っているのは有名です。

善導大師の言葉は、お釈迦さまの教えは縦糸であるという意味で、縦糸の役目は横糸が乱れないようにすることだと続けられます。時代が違い、社会が違ってくると、ものの考え方も違ってきます。お釈迦さまの言葉は、そういう中で、一貫して変わらない基準としての意味を持っているということでしょう。

時代が変わってゆく中で、変わらない筋を一本通してゆくことの大切さは、お釈迦さまの言葉だけではありません。世代を越えて変わらないものを伝えてゆくことに目を向けたいものです。（『心の窓』）

支えあって生きる

仏教の大事な言葉の一つとして、「縁起」という言葉があります。よく「縁起がよい」とか、「縁起がわるい」とかいわれますが、これは縁起という言葉のもともとの使い方ではありません。

縁起という言葉は、仏教の最も根本的な考え方をあらわすものです。その考え方というのは、全てのものは支えあって生きているという考え方です。「支えあって生きてゆきましょう」ではなく、「支えあって生きている」です。つまり、縁起という言葉は、「支えあって生きてゆきましょう」という目標を教える言葉ではなく、「支えあって生きているのですよ」という事実を教える言葉なのです。

例をあげてみましょう。私たち動物は、酸素を使って炭酸ガスにしています。植物は逆に炭酸ガスを酸素にしてくれています。動物だけですと、地球の空気から酸素がなくなってしまいます。このように、動物と植物とが互いに支えあって生きているということが縁起の一例です。そして、このようなありのままの事実を正しく知ることを教えるのが、仏教なのです。(『心の窓』)

顔つきと言葉

今年の二月の下旬から三月の初めにかけて、大学院の院生とともにインドに出かけ、続いて三月の下旬から四月の初めにかけては、覚成寺の前々坊守の一周忌のお参りにアメリカに行ってまいりました。いろいろ感じたことがありますので、少し紹介したいと思います。

インドは、いうまでもなくお釈迦さま誕生の地です。インドの農村地帯では、お釈迦さまの時代とあまり変わっていないような田園風景が、今でも見られます。今私が見ている風景、吸っている空気、踏みしめている大地は、お釈迦さまがご覧になっていた風景、吸っておられた空気、踏みしめておられた大地だなどと、胸が締めつけられるほどの感動をおぼえました。

でも、今回いいたいのは別のことです。

インドでは、私たちから見れば同じような顔つきをしている人たちが、お互いに話が通じないことがあるそうです。インドは、地方によって習慣も言葉も全く違います。話し言葉が違うだけではなく、文字まで違います。インドの紙幣では、金額表示が十種類ほどの文字で書かれています。

ところが、アメリカでは、ヨーロッパ系、アジア系、アフリカ系など、いろいろな顔つきをした人々が、みな同じ英語を話します。地方によって訛りはあっても、話は通じるそうです。もちろん文字は全国共通です。

顔立ちが同じでありながら、それぞれ全く違う言葉を使っている国。顔立ちが全く違っていながら、みな同じ言葉を使っている国。考えさせられました。（二〇〇四年『心の窓』）

＊　＊　＊　＊　＊　＊

「夏に思う（二）」から「顔つきと言葉」までの四話は、『心の窓』という町の仏教会の機関誌に執筆したものです。何年かに一度、各寺院に原稿依頼の割り当てがきます。ご門徒方にお願いをするのですが、気軽に引き受けて下さる方や、渋々ながらでも書いていただける方や、お願いしても書いていただけない方など、当然ながらさまざまです。快く書いていただける方でも、何度もとなると渋い顔をされますし、こちらも頼みにくくなります。どうしてもダメなときは、住職の責任として自分で書きます。あちこち依頼に回るよりも、自分で書いた方が楽なのですが、できるだけご門徒方にお願いするようにしています。それでも、私の書いたものが四話たまりました。何年何月に発行されたものに掲載されたのか、記録を取っていないので分かりません。最後の「顔つきと言葉」だけは、内容からして平成十六（二〇〇四）年のものだということが分かります。有線放送法話と同じく、他宗の方も読まれるということが意識されています。

五、愚者になりて往生す

村上速水先生の想い出

私がはじめて村上速水先生のお姿をおみかけしたのは、ゼミ紹介の場でした。二回生に対して、来年度三回生としてのゼミの選択のために、各先生がご自分のゼミを紹介される場面でお見かけしたのが、最初だったと思います。内容はなにも憶えていませんが、真面目に学ぶ姿勢のないものは来なくてよい、といった雰囲気を憶えています。

結局三回生と四回生とは、山本仏骨先生のゼミに所属しましたが、その間、村上先生の講義は真宗学概論と『教行信証』（後半）の講読を受講致しました。『教行信証』（後半）講読は、要点を整理された講義で、「証文類」「真仏土文類」「化身土文類」の全体の構造が、よく理解できるご講義でした。真宗学概論の講義も、きっちりと整理された内容で、真宗教義の全体像がよく理解できるものでした。その時、若さによる無鉄砲さと生意気な理屈っぽさから、他力ということについて、「仏教では自他を区別しないのが本来なので、他力というのは変じゃないでしょうか」と質問したところ、村上先生はしばらく考えられてから、

「仏教では、自他を区別しないのが本来かも知れないが、自他の区別から離れられない私

たちのための教えが、浄土真宗ではないでしょうか」

とのお答えをいただきました。このお答えが、私の真宗学の原点となっていると思います。

大学院の修士課程に進学し、学部時代と同じ山本仏骨先生のゼミに所属したのですが、山本先生が、その年に定年になられるということで、修士二回生から村上先生に指導教授を変更する予定となりました。それならば、修士一回生の時から、村上先生のゼミに慣れておこうと思って、時間割からも可能であったので、村上先生のゼミにも所属しました。その後、修士課程から博士後期課程へと、予定どおり村上先生のゼミに所属しましたが、このようないきさつから、ずっと後まで、私は村上先生から、山本先生からの預かりものといわれてきました。先生から、ご自分の弟子と認めていただけたのは、相当年数を経てからのことでした。

大学院時代の村上先生の印象深い点は、学部時代に受講したときの歯切れのよいご講義とはうってかわって、苦吟されるお姿でした。当時、真宗別途《べつず》義の研究に取り組んでおられ、従来の通説に飽き足らずに、自らの疑問点への解答の模索が、講義中の苦吟という姿となってあらわれていたのでしょう。従来の通説が、先哲の膨大な研究の帰結であるということを充分にご承知であったことが、より苦吟を深めておられたように思います。それは、膨大な先哲のご苦労を一顧だにせず、教条的な封建教学という一言で切り捨て、現代的と称する議論を弄《もてあそ》ぶのみのものとは対照的なものでした。真摯な学徒としての先生の悩みが、浮き彫りになったような一シーンで、今も瞼《まぶた》の裏に焼き付いています。

また、大学院時代、修士論文の指導を受けていた時のことです。このような論文を書きたいと申し上げたところ、村上先生から、「それで、それは今までに誰かが言っていますか」と尋ねられ、「はい」と答えれば、「では、わざわざ論文として書く必要はどこにあるのですか」と切り返されそうであり、一方、真宗学では、今まで誰も言ったことがない説は概して珍説であると考えられますので、「いいえ」とも答えられず、大変困ったことを憶えています。その時は結局、「結論はすでに言われていることですが、方法論としては新しいと思います」と答えたと記憶しています。今となっては、その時の困惑も懐かしい想い出です。

私が、村上先生から教えていただいたのは、前記のような姿勢とともに、お聖教の文に忠実であらねばならないということでした。つまり、私たちの思いと食い違うようなことがあっても、お聖教のご文を優先しなくてはならないということです。村上先生が、龍谷大学をお辞めになる時の最終講義で、

「真宗学では昔から、文によって義を立て、義によって文をさばくといわれてきたが、最近は文によらずに義を立てることが目につく」

とおっしゃられた言葉が、耳の底に残っています。

さて、私は住職として、ご門徒方のご不幸にあたっては、いつも「別れは悲しいが、私たちはまた出会うことのできる世界を持っている」と説いてきました。しかし、このたびの村上先生のご往生に際しての私の心境は、逆に、確かにまた出会える世界を持ってはいるが、やはり別れは悲しいというものであります。覚如上人《かくにょしょうにん》の、

たとひ未来の生処を弥陀の報土《ほうど》とおもひさだめ、ともに浄土の再会を疑なしと期《ご》すとも、おくれさきだつ一旦のかなしみ、まどへる凡夫として、なんぞこれなからん。

（『口伝鈔』註釈版聖典九〇五頁）

とのお言葉が、ひとしお身にしみる今日この頃です。

＊　＊　＊　＊　＊

平成十二年三月十四日に往生の素懐を遂げられた、村上速水先生の追悼文集『不請之友』に収録されている一文です。本書には、真宗を学ぶ姿勢についての私の考えが処々に述べられています。たとえば、「論理と感性」「真宗を学ぶ姿勢」です。このような姿勢は、村上先生から学んだところが非常に大きいと思います。村上先生の学風については、本書に収録した「恩師を偲ぶ」を参照して下さい。

この度勧学《かんがく》を拝受して、四月二十二日ご門主から直接辞令を頂戴いたしました。同月二十九日に父の十七回忌と母の三回忌が大阪の実家でつとまり、その時に両親に勧学拝受を報告致しましたが、村上先生にも是非報告をと思い、五月八日に先生の鹿児島のご自坊へお参りさせていただきました。

もちろん、両親も村上先生も、すでにお浄土の聖衆《しょうじゅ》として、とっくのむかしになにもかもご存知であるはずです。でも、両親の法事の場で、恩師のご自坊のお内仏の前で報告したいのが凡夫の情です。そのような凡夫の情を否定しないのが、私が村上先生をはじめとする恩師方から学んだ浄土真宗です。それと同時に、この世で喜んでいただいた多くの方々のみならず、お浄土でも数多くの聖衆の方々に喜んでいただいていると思えるのは、大変幸せだと思います。その意味では、先だって逝かれた方々をゴミになっただけだとしか感じることのできない人々は、寂しい人々だと思います。もちろん、お浄土の聖衆方が、娑婆の肩書きを喜ばれることはないでしょうが、想い出に残る姿を聖衆方に投影して、ほのぼのとした温かさを感じることができるのも、お念仏の世界の素晴らしい側面ではないかと思っています。

篠島先生を偲んで

この度、篠島善映先生の追悼文集が企画され、巻頭の言葉をかねた想い出の執筆を依頼されました。追悼文集の企画は、本当に有り難いことです。篠島先生は、多方面に才能を発揮されましたが、第一に指を折るべきは、浄土真宗聖典編纂《へんさん》のお仕事でしょう。このお仕事は、先生にとってライフワークといっても過言ではないと思います。篠島先生がこの娑婆世界を去られたとき、ご遺体はご本山の前で最後の参拝をされた後、聖典編纂に心血を注がれた職場である、教学伝道研究センターの前でお別れを告げられたと聞いています。その事業に現に関わっておられる方々、また過去に関わってこられた方々を中心として、このような企画がなされたことは、本当に意義深いことです。

私の恩師である村上速水先生の著書に、三浦綾子氏の『続・氷点』に出てくる言葉、「一生を終えて後に残るのは、われわれが集めたものではなくて、われわれが与えたものである」と、龍樹《りゅうじゅ》菩薩の『十住毘婆娑論《じゅうじゅうびばしゃろん》』の「我に有るものは我がものに非ず、ものを施し終って我がものなり」という言葉とが紹介されています。この追悼文集が篠島先生からご教示やご高誼《こうぎ》をいただいた方々によるということは、その意味からいって、まさしくこの追悼文集が篠島先生のものであるのだということができるでしょう。

私にとって、篠島先生をなくしたことは、本当に痛恨の極みです。年齢は篠島先生の方が下でありましたが、様々な面において篠島先生のご判断を仰ぐといったことがあり、私にとっては、先生のご判断は本当に信頼すべきものでありました。篠島先生の訃報に接し、その時すぐは心友をなくした悲しみでいっぱいでしたが、時間が経つにつれて、先生のご判断を仰げなくなったという痛手を徐々に感じてきました。

篠島先生との出遇《あ》いは、昭和五十五（一九八〇）年、宗学院入学の時でした。同期生は、年齢順に、清岡隆文先生、私、篠島善映先生、深川宣暢先生の四人です。清岡、深川の両先生とは、同じ真宗学であり、かつ大学院も同期であったということで、すでに面識があったのですが、篠島先生は仏教学であり、龍大在学時期も違ったので、その時が初対面でした。宗学院では、一期生が研修旅行の幹事をすることになっていて、我々四人がその任にあたりました。播磨・美作方面への研修旅行でしたが、旅行計画に関して宮崎圓遵和上の指導を受けたり、四人で下見に出かけたりして親交が深まりました。その後、深川先生も交え、三人で酒を酌み交わす機会も多くあるようになりました。なにか恐ろしげな人という第一印象とは違って、人情味が豊かな細かい気遣いをなさる方だという印象を受けた記憶があります。宗学院時代の写真を見ますと、当時は篠島先生の髪がふさふさしていたんだなあと感慨深いものがあります。

宗学院終了後、篠島先生はご自坊へお帰りになり、私は当時の編纂主任であられた瓜生津隆雄和上の補佐というかたちで、『原典版聖典』編纂の仕事をしていました。その『原典版聖典』も刊行され、一段落という時に、縁あって勧学寮《かんがくりょう》に勤務することになりました。聖典編纂事業の方は、本格的に『註釈版聖典』にとりかからなくてはならないという時期で、私の後任に誰がいいだろうかと、当時の保滌部長に相談されました。そこで、『註釈版聖典』編纂に向けての予備的な作業をお願いしていた、篠島先生にお願いすればどうだろうということになり、京都に出てきていただくということになりました。その時には、これが篠島先生のライフワークになるとまでは思っていなかったのですが、大事な法嗣を自坊から引き離したと、ご門徒方に恨まれるべきは私であるのかも知れません。

私が仕事をしていた時の聖典編纂作業は、こぢんまりした個人作業の集積といったものだったのですが、篠島先生が関わるようになられてから、あれよあれよというまに、大規模な組織的な作業にと展開し、まるで家内工業から大工場への発展を見るようで、あらためて篠島先生の才能に感嘆したものです。

篠島先生の想い出として大事にしてゆきたいのは、さまざまな旅行です。先生はブッダロード研究会という会を主催され、仏教伝播《でんぱ》のルートへの旅行を何度も企画されました。

私も、ウルムチ、トルファンから敦煌への旅、韓国の仏教遺跡探訪、仏像の起源を訪ねてガンダーラへの旅など、参加させていただきましたが、完璧主義者の篠島先生主催の旅ですから、徹底した予備学習を経ての旅行で、現地のガイドが感嘆するほどの詳細な資料を持っての旅でした。篠島先生主催の旅には、聖典編纂業務にたずさわっている方々の中に、何度も参加しておられる方もおられますので、きっとこの追悼文集にさまざまな想い出をお書きになると思いますので、具体的にはそちらに譲りたいと思います。

篠島先生の想い出を綴りはじめますと、尽きることがありませんが、与えられた枚数もありますので、このあたりでとどめておきたいと思います。

＊　＊　＊　＊　＊　＊

篠島善映先生は、平成十六（二〇〇四）年七月十二日に往生の素懐を遂げられました。先生のご遺徳を偲んでの追悼文集の刊行が発案され、あまりに大規模となっても手にあまるということで、先生のライフワークであった聖典編纂に関わったもののみに範囲を限定しての企画となりました。私は、篠島先生から賜ったご交誼《こうぎ》と聖典編纂に関わったものの中では年長の部類に入るということで、巻頭の辞をかねた想い出の執筆を依頼され、その結果がこの一文です。

篠島先生の訃報に接し、ご遺体はすでにご自坊に帰られたとの連絡を受け、とるものもとりあえず高岡のご自坊までお別れを告げにまいりました。今にも眼を開けそうなお顔を拝して、阿弥陀経のお勤めをさせていただきましたが、万感胸にせまって、ついお勤めが滞りがちになりました。十五日のお通夜、十六日のご葬儀と参らせていただきましたが、奥様からお通夜のご法話を依頼され、お引き受けしたのですが、正面に篠島先生のご遺影が掲げられ、その笑顔と向かいながら話をするのは辛いものがあり、ついに胸がつまって言葉が出なくなりました。先生とお別れしてから、ほぼ一年近く経ち、悲しみも幾分かは薄らいできましたが、先生とお酒を酌みかわした場面等のさまざまなことを、折りに触れて憶《おも》い出すと、なお失ったものの大きさを感じる今日このごろです。

重誓名声聞十方のこころ

阿弥陀如来は法蔵菩薩の位のときに、自らが成仏したあかつきには、その名号《みょうごう》が十方の衆生に聞こえるようにとお誓いになられました。ここでは、名号ということと、聞《もん》ということについてお話ししたいと思います。まず名号について、親鸞聖人は、『唯信鈔文意』で、

「尊号」と申すは南無阿弥陀仏なり。（註釈版聖典六九九～七〇〇頁）

とおっしゃられ、六字全体を名号とされています。私たちの考えでは、「阿弥陀仏」の四字がお名前、つまり名号であるとするのが普通です。「南無」というのは、私たちの帰依をあらわす言葉ですので、「南無阿弥陀仏」というのは、「阿弥陀仏に帰依いたします」という意味になります。そうしますと、親鸞聖人は私たちの帰依の心まで、名号の一部であるとお示しになったということになります。

さて、南無阿弥陀仏の六字について詳しく解釈されたものに、善導大師《ぜんどうだいし》の六字釈というものがあり、親鸞聖人もそれを承けてまた解釈を加えておられます。それによりますと、南無阿弥陀仏の名号は、阿弥陀如来が、私たちに、帰依せよ必ず救うとよびかけてくださ

るよび声であり、また必ず私たちを救うことができる力そのものであり、またその力を私たちに与えようという慈悲の心であるということになります。

まず、阿弥陀如来が私たちに、帰依せよ必ず救うとよびかけてくださるよび声というのは、称名念仏というものが、私たちの口に称えるものでありながら、そのまま阿弥陀如来の喚《よ》び声であるということを意味しています。名号の名という字は、「夕」という字と「口」という字でできていますが、夕方は暗く顔がよく見分けられないので、口でここに私がいることを知らせるという意味の字となります。また、号という字も、もともと横に「虎」という字がついていて（號）、虎がほえるように大声で叫ぶという意味の字です。ですから、名号という言葉そのものが、自らの存在を大声で知らせるという意味をもっているわけです。つまり、阿弥陀如来が、われこそは十方の衆生を必ず救うものであるというご自身のありようを、大声で叫んでおられるということになります。

つぎに、必ず私たちを救うことができる力そのものというのは、法蔵菩薩が阿弥陀仏と成ろうと誓われ、兆載永劫《ちょうさいようごう》の修行をされた結果、阿弥陀仏として成仏されたわけですが、それは私たちを救済するためであり、その功徳のすべてを名号にこめられたということです。ここで注意していただかなくてはならないことは、その修行の結果、完成された功徳のすべてを名号にこめられたといっても、名号を風呂敷のようなものと考え、その中身として功徳が包まれているとして考えてはいけないということです。それはちょうど母乳にたとえられます。母親の食べた食物に含まれているあらゆる栄養が、母乳に含まれているのですが、けっしてそれは元の形のままではありません。元は米であり肉であり野菜であったわけですが、母乳は米でも肉でも野菜でもありません。それと同じように、法蔵菩薩の修行された行は、あるいは布施の行であり、あるいは戒律を守る行であり、あるいは心が散乱しないように平静をたもつ行であったのですが、名号のなかにそのような行が含まれているという意味ではありません。迷いの世界をめぐっている私たちが、悟りの世界に生まれて仏となることができる功徳の全体が、名号にそなわっているということであります。米や肉や野菜の栄養が、そのままの形では赤ん坊の口に入らないように、自ら励んで仏に成るという修行は、私たちにとっては不可能な行でありますので、阿弥陀如来は名号としてそれを完成されたということであります。

最後に、その力を私たちに与えようという慈悲の心であるというのは、せっかく私たちを救う力が完成されても、それが私たちの手もとに届かなければ、なんの意味もないということです。それではまるで、絵に描いた餅です。そもそも、阿弥陀如来が名号を完成されたのは、私たちを救うためですので、私たちを救う力と私たちを救いたいという心が一つのものとなっているというのは、当然のことであります。

ですから、名号というのは、私たちを救う力と私たちを救いたいという心を本質として、「あなたたちを必ず救う私がここにいる。どうか私に帰依しなさい」と、大声で叫ぶよび声というすがたをとっているものだということができます。そして最初に申し上げたように、私たちの帰依する心まで、もともと名号の上に完成されていると受けとめられたのが、親鸞聖人であります。

さて、その名号が十方世界に聞こえるようにと誓われたというのが、この句の意味ですが、私たちを救う力である名号は、阿弥陀如来のよび声というすがたをとっています。よび声ですので、私たちの受け取り方は「聞く」という形をとります。仏教ではいろいろな行を説きますが、そのなかに仏のすがたを観るという行があります。私たちは「とらわれ」や「はからい」をはなれたところに、仏のほんとうのおすがたを観ることができるのであり、またそのためには、心を静かにたもって乱れないようにしなければなりません。ですから、もし阿弥陀如来がご自身の功徳の全体でもって、ご自身の体を完成されたにとどまるならば、私たちは阿弥陀如来のおすがたを観るという、たいへん困難な受け取り方をしなければなりません。つまり、阿弥陀如来が、ご自身の功徳の全体でもって名号を完成されたということに、すでに聞くというかたちで私たちに受け取らせようというお心があらわされているわけです。

親鸞聖人は、「聞」というのは「信心」のことであるとお示しになっておられます。つまり「私に帰依せよ」というよび声を、そのまますなおに聞いて受け取ったところが、「私は阿弥陀如来に帰依いたします」という私たちの信心となるわけです。このことについて詳しくお話しする余裕はありませんが、聞くというのは、私たちが自分勝手な聞き方をするのではなく、私たちを救いたいと思い、必ず救うとおっしゃっておられることをすなおに聞き、すなおに心に受け取ったところが信心であるということになります。

私たちは、他人のいうことを聞くとき、すなおにそのまま聞くということはまずありません。自分にとって都合のよいことはすなおに聞くことができますが、自分にとって都合の悪いことには、すぐ反発して聞こうとしないのが私たちの聞き方です。つまり、自分の都合によって聞いているわけですので、これではすなおに聞いているとは申せません。

名号とは、阿弥陀如来が五劫《ごこう》という長いあいだ考えつづけられ、そして十方の世界に聞こえないところがないようにと誓われ、そして大声で叫んでおられるよび声であります。親鸞聖人の九十年のご苦労も、その背後にある法然聖人《ほうねんしょうにん》をはじめとする七高僧のご苦労も、源をたどれば、法蔵菩薩の兆載永劫のご苦労も、すべて私一人に名号を聞かせようというご苦労であったことを思えば、自分に都合のよいように自分勝手に聞くことはできないはずであります。

＊　＊　＊　＊　＊　＊

昭和六十二（一九八七）年、同朋舎から刊行された『現代法話大系』に執筆した法話です。この企画は、お聖教に解説と法話を付するというものでした。私も解説を何編かと、法話を二つ依頼されました。解説は、それぞれのお聖教の流れに沿ってのものですので、一部だけ取り出して本書に収録するには不適切と判断し、割愛しました。法話は独立したものですから、本書に収録しました。この法話は、『正信偈大意』の「重誓名声聞十方」についてのものです。

私の最初の法話原稿です。改めて読んでみますと、随所に先輩の書物から流用した材料がみられます。たとえば、名号の名の字を、「夕」と「口」の組み合わせとするのは、村上速水先生の著書『道をたずねて』（五九頁）に出ています。学術論文ですと盗作といわれかねませんが、法話においては許されるでしょう。自分で考えついたと思っていた譬喩が、若い頃に読んだ本に出ていることを発見したことがあります。知らず識らずのうちに記憶に刷り込まれ、そのうち自分で思いついたように勘違いをしてしまったのでしょう。とすると、その他のこともあぶないものです。どれが自分の思いついたことで、どれが先輩の書物からの流用か、自信が持てなくなってしまいます。

本書に収録しました「真実の尺度」でも述べましたが、孔子は『論語』に「述べて作らず」といっています。作家の陳俊臣氏は、このように思想などを私物化しないのが東洋の文化であって、私が最初に言い出した、私が最初に作ったと主張するような、たとえば著作権などは西洋の発想だと論じています。『歎異抄』第六章の「親鸞は弟子一人ももたず候ふ」（註釈版聖典八三五頁）という言葉も、ご法義の私物化を否定されたものでしょう。その他、親鸞聖人の言葉として、『御伝鈔』（下・第五段）には、

愚禿《ぐとく》すすむるところ、さらに私なし。（註釈版聖典一〇五七頁）

といわれ、『御文章』（一帖目第一通）にも、

さらに親鸞めづらしき法をもひろめず、（註釈版聖典一〇八四頁）

とあります。明治以降の西洋文化の影響が強い学術的な場面では、著作権問題も必要でしょうが、ご法義について述べるご法話の世界では、先輩の書物から流用した材料のオン・パレードでもなんの問題もないのではないでしょうか。

第二十二願のこころ

たとひわれ仏を得たらんに、他方仏土の諸菩薩衆、わが国に来生して、究竟《くきょう》してかならず一生補処《いっしょうふしょ》に至らん。その本願の自在の所化、衆生のためのゆゑに、弘誓《ぐぜい》の鎧を被《き》て、徳本を積累《しゃくるい》し、一切を度脱し、諸仏の国に遊んで、菩薩の行を修し、十方の諸仏如来を供養し、恒沙無量《ごうじゃむりょう》の衆生を開化《かいけ》して無上正真の道を立せしめんをば除く。常倫に超出し、諸地の行現前し、普賢の徳を修習せん。もししからずは、正覚を取らじ。

（『無量寿経』註釈版聖典一九頁）

第二十二の願について、親鸞聖人は、必至補処《ひっしふしょ》、一生補処、還相回向《げんそうえこう》の願と名づけられています。補処という言葉は、仏が涅槃に入られたのち、つぎに代わって仏と成られる菩薩の位をいうものであり、国王に対する太子の位のようなものです。私たちの世界においての仏は釈尊ですが、その釈尊がなくなられて五十六億七千万年後に成仏されるといわれている弥勒《みろく》菩薩が、補処の弥勒といわれています。また、仏の一段前の位、すなわちもう一段階すすむと仏に成られる位という意味で、補処という言葉が用いられる場合もあります。必至補処、一生補処というのは、必ず補処に至る、現在の一生を終えると仏処を補う位という意味であり、阿弥陀仏の浄土に往生すれば、必ず一生補処の位に就くということになります。しかし、阿弥陀仏は寿命無量の仏であり、なくなられるということがありませんので、阿弥陀仏に代わって仏に成るというのは、おかしなことになります。ですから、この願では仏の一段前の位、いつでも他の世界に生まれて仏処を補うことができるという意味で、補処という言葉が用いられているのでしょう。

それにしても親鸞聖人は、現生《げんしょう》（今、この世）に正定聚《しょうじょうじゅ》（必ず仏と成ることのできる位）の利益《りやく》を得るといわれ、しかもそれは弥勒と同じ位といわれています。また浄土に往生すれば、ただちに仏のさとりを開くともいわれています。そうしますと、浄土に往生して一生補処の位に就くということも、やはりおかしなことになります。

『阿弥陀経』では、浄土には孔雀や鸚鵡《おうむ》などの種々の鳥がいると説かれてあります。四十八願のうち第一の願によれば、阿弥陀仏の浄土には畜生がいないことになっていますので、これもおかしなことです。しかし、『阿弥陀経』ではそのあとに、その疑問に応えて、

「舎利弗《しゃりほつ》よ、かの国には畜生などの名さえもないのだから、まして、そのようなもののいるはずがない。これらのさまざまな鳥は、みな阿弥陀仏が、法をひろめるために、いろいろと形を変えて現されたものにほかならぬのである」

と説明されています。

　このような意味からすれば、浄土に生まれて一生補処の位に就くといっても、法をひろめるために菩薩のすがたを現されるのであって、実際は仏とおなじ悟りを開いているということになるでしょう。すなわち、第二十二願の眼目は、「その本願の自在の所化、衆生のためのゆゑに（各自の希望によっては、衆生を自由に済度するため）」以下に示される、衆生教化が自由自在だというところにあるということができます。

　さて、私たちは、浄土に生まれると、ただちにこのうえない悟りを開くのですが、悟りとは、いったいどのようなものでしょうか。私たちの世界において悟りを開かれた釈尊の伝記には、釈尊がお生まれになったときに「天上天下唯我独尊」とおっしゃられたとあることはよく知られています。「天上天下唯我独尊」とは、我こそ最も尊い存在であると宣言されたものですが、いろいろなお経をみてみますと、その言葉のあとに、「もはや迷いの世界をめぐることはない」とか、「一切衆生の苦しみを抜く」とかの言葉が続けられ、最も尊い存在である理由が示されてあります。また善導大師《ぜんどうだいし》は「仏」という語を解釈して、「自覚《じかく》・覚他《かくた》・覚行窮満《かくぎょうぐうまん》」（「玄義分」註釈版聖典・七祖篇三〇一頁）といわれています。つまり、悟りを開かれた仏は、自ら目覚めた存在であると同時に、他の衆生を目覚めさせる存在であるということができます。

私たちの迷いの根本にあるのは自己中心性、すなわち「我あり」というとらわれです。そこに自他を区別し、対立させるものの見方が生まれてきます。悟りとは自己中心性、すなわち「我あり」というとらわれをはなれることであり、そこには自他の区別はありません。「あわれみ」という言葉がありますが、私たちの「あわれみ」は、自分と他人を区別し、他人の苦しみを気の毒に思うというものです。しかし、世間で「他人の痛いのは三年でも我慢する」といわれるように、私たちはどこまでも他人事としての感じ方しかできないのが事実ではないでしょうか。たとえ「同情」という言葉をつかっても、それは同じことです。もちろん、人と人との関係でいえば、他人の苦しみを路傍の石でも見るかのように見る冷たさに比べ、他人の苦しみに心痛める人の情の温かさは尊いものです。また、多くの人たちは、このような温かさを持っています。決して、そのような人の情の温かさを否定するのではありません。しかし、その温かさに安住するのではなく、より高い仏の心と対比して、その不充分さを歎《なげ》くところに、仏教の立場があります。

すなわち、悟りの存在である仏の「あわれみ」は、自他を区別しないということが根本にあります。ですから、「衆生病むゆえに我病む」（『維摩経《ゆいまぎょう》』）といわれるように、他人の苦しみがそのまま自分の苦しみとなっているのが仏の「あわれみ」であり、これを慈悲というのです。悟りの世界は、煩悩にわずらわされる騒々しい世界ではなく、寂静無為《じゃくじょうむい》の世界といわれるのですが、たんに自分一人がわずらわしさからのがれられればよいという世界ではありません。迷いの世界において、煩悩に苦しめられ悩んでいる人々の苦しみ悩みを、自らの苦しみ悩みと感じてゆく世界でもあります。そこに、自らの悟りが、そのまま衆生救済の利他活動となる必然性があるのです。

ところで、私たちが利他活動をする場合、そこには二つの問題があるでしょう。ひとつは、私たちが他人のためと思っていることが、じつは自分のためにしているにすぎないということです。ほんとうに他人のためにしていることであれば、相手が感謝しようがしまいが、その行いの結果が相手のためになれば、それでよいはずです。しかし、私たちは、他人のためにということでしたことも、必ずそれに対する感謝を要求する気持ちをどこかにもっています。「あれだけのことをしてやったのに、少しも感謝の気持ちが見えない」という不満の言葉は、よく耳にするところです。もっといえば、その感謝の気持ちがたんなるお礼の言葉だけでなく、なにか形のあるものとしてかえってくるのを期待する場合さえあるでしょう。これでは、他人のためにしているのではなく、自分のためにしているとしかいえません。

二つめは、たとえ百歩ゆずって純粋に他人のためにする行いであるとしても、それがほんとうに他人のためになっているかどうかということです。わが子がかわいいからといって、子どもの望むことをなんでもしてやるのが、ほんとうに子供のためになるとはいえず、親は子供のためにはいやがることもしなくてはならないこともあるでしょう。しかし、親として子供のためにと思ってしたことが、遠い将来にわたって、結果的にはほんとうにその子供のためになるかどうか、すべてのことに自信をもつことはとてもできません。子供と大人との関係でしたら、経験によって培われた判断力は大人のほうがすぐれていると考えられますが、それもすべてではありません。まして大人と大人の関係になれば、その差はわずかなものでしょう。完全な智慧を持った仏と、私たちとの関係とはくらべものになりません。

『歎異抄』には、

慈悲に聖道《しょうどう》・浄土のかはりめあり。聖道の慈悲といふは、ものをあはれみ、かなしみ、はぐくむなり。しかれども、おもふがごとくたすけとぐること、きはめてありがたし。

（註釈版聖典八三四頁）

とあります。これは、私たちが他の人々を救おうという願いをおこしても、それを完成させることは非常に困難であることを示されたものです。道綽禅師《どうしゃくぜんじ》の『安楽集』には、能力に勝れた菩薩方が衆生救済の活動をするのは、鵞鳥《がちょう》や家鴨《あひる》が水面を自由自在に泳ぎまわるようなものであるが、そのような能力を持たない私たちが衆生救済の活動をしても、鶏

が泳ごうとして溺れてしまうようなものであるとたとえてあります。先の『歎異抄』の文のあとには、

浄土の慈悲といふは、念仏して、いそぎ仏に成りて、大慈大悲心をもつて、おもふがごとく衆生を利益するをいふべきなり。今生に、いかにいとほし不便とおもふとも、存知のごとくたすけがたければ、この慈悲始終なし。しかれば、念仏申すのみぞ、すゑとほりたる大慈悲心にて候ふべきと云々。（註釈版聖典八三四頁）

と続けられ、浄土に生まれてこのうえない悟りを開くことによって、衆生救済の利他活動が自由自在に可能となるのであり、念仏することこそほんとうの慈悲心であるとのお示しがあります。

このような、自由自在の利他活動を誓われたものこそが、第二十二願であります。『教行信証』の「証文類」には、

還相の回向といふは、すなはちこれ利他教化地の益なり。すなはちこれ必至補処の願より出でたり。（註釈版聖典三一三頁）

とあり、還相回向について「証文類」全体の三分の二ほどが費やされています。親鸞聖人は、私たちが浄土に往生するすがた（往相《おうそう》）も、衆生救済のために迷いの世界に還るすがた（還相）も、阿弥陀仏の本願の力によるとされるのですが、その還相は第二十二願に誓

われたものであることが知られるのです。

なお最後に付け加えておきますが、親鸞聖人の教えは、浄土に往生して、それから悟りを開いて仏に成り、それから衆生救済の活動をするのではありません。浄土に往生するということが、そのまま悟りを開いて仏に成るということであり、悟りを開いて仏に成るということが、そのまま衆生救済の利他活動をするということです。つまり、この三つは別々のことではなく、一つのことです。念仏に生きる人生とは、このような世界に向かい、このような世界に照らされる人生であって、明るく生き生きとした人生であるといえましょう。

＊　＊　＊　＊　＊　＊

「重誓名声聞十方のこころ」と同様、同朋舎から刊行された『現代法話大系』に、『無量寿経』の第二十二願について執筆した法話です。思うところがあって、少し加筆しました。仏の利他と対比して私たちの利他の不充分さばかりを述べると、あたかもそのような社会活動や運動を全て否定するかのように聞こえてしまいます。本文にも書きましたが、他者の苦しみに涙する人の心は尊いものです。また、そこから生まれてくるなんとかしようという思いも貴重なものです。親鸞聖人も、決してそのような心の尊さ、そのような思いの貴重さを否定されたのではないでしょう。親鸞聖人が否定されたのは、そのような尊い心、貴重な思いが、ややもすると、してやっているという傲慢さにつながってしまう危うさでしょう。

しかし、そういう傲慢さにつながる危険性があるから、はじめから何もやらないでおこうということではありません。そのような傲慢さを仏の光に照らし出されながら、逆に精一杯出来る限りのことはやらせていただくということにつながってゆくのが、お念仏だと思います。もっとも、本人が精一杯出来る限りのことはやっていると考えたならば、それも一種の思い上がりになるでしょう。もっと出来るはずなのに、この程度のことしか出来ないと、不充分さに慚愧しながらということなのでしょうか。どうも、表現してしまうと、どこかにその表現の問題点が生じてくるように思います。思うところをくみ取っていただければ幸いです。

愚者になりて往生す

故法然聖人は、「浄土宗の人は愚者になりて往生す」と候ひしことを、たしかにうけたまはり候ひしうへに、ものもおぼえぬあさましきひとびとのまゐりたるを御覧じては、「往生必定すべし」とて、笑ませたまひしを、みまゐらせ候ひき。文沙汰して、さかさかしきひとのまゐりたるをば、「往生はいかがあらんずらん」と、たしかにうけたまはりき。いまにいたるまで、おもひあはせられ候ふなり。（『親鸞聖人御消息』註釈版聖典七七一頁）

ここには、法然聖人から、「愚者になりて往生す」というお言葉を、確かにうけたまわったということが述べられています。そこでは、「ものもおぼえぬあさましきひとびと（愚かもの）」と、「文沙汰して、さかさかしきひと（お聖教のご文等を論じる賢そうな人）」とが対比され、前者の往生は間違いないとされ、後者の往生には疑問が示されています。結局、愚者の往生は間違いないが、智者の往生は危《あや》ういということになるでしょう。

これは、どのような意味なのでしょうか。

ひとつには、他力の法門においては、自らの持ち前の智慧を役立たせて救われるのではないということを意味しています。本来、阿弥陀如来のご本願とは、迷いの世界を脱け出すのに役立つものを、何ひとつもっていないものこそを救おうとしておこされた願いです。ですから、自らがもっている何かを役立たせて救われてゆくというのは、ご本願の救いとは違った筋道ということになります。親鸞聖人は、『正像末和讃』に、

像法のときの智人も　　自力の諸教をさしおきて
時機相応の法なれば　　念仏門にぞいりたまふ（註釈版聖典六〇五頁）

とうたっておられます。「像法のときの智人」とは、具体的には龍樹《りゅうじゅ》菩薩、天親《てんじん》菩薩のお二人のことです。我々よりもはるかに高いレベルの智慧をおもちの、菩薩といわれる方々でさえ、他力の法門に帰依されたということであり、それは、お二人が智慧を役立たせることのない法門に入られたということです。『御消息』にも、

往生はともかくも凡夫のはからひにてすべきことにても候はず。めでたき智者もはからふべきことにも候はず。大小の聖人だにも、ともかくもはからはで、ただ願力にまかせてこそおはしますことにて候へ。（註釈版聖典七四二〜七四三頁）

と述べられています。つまり、自らの持ち前の智慧を役立たせないということは、智慧をもたない愚者と同一線に立つということです。これが、「愚者になりて往生す」ということの意味です。

一方、「文沙汰して、さかさかしきひと」といわれますが、法然聖人ご自身は、「智慧第一」といわれた方であり、その主著『選択本願念仏集』は、さまざまな経・論・釈を縦横に用いて、他力念仏の本義を明らかにされた書物ですが、まさか、そのようなことを「文沙汰して、さかさかしき」とおっしゃっておられるのではないでしょう。「文沙汰して、さかさかしきひと」とは、生半可な知識をふりまわす人のことだと考えられます。『正像末和讃』には、

よしあしの文字をもしらぬひとはみな　まことのこころなりけるを
善悪の字しりがほは　おほそらごとのかたちなり（註釈版聖典六二二頁）

とうたわれ、一般的に愚者といわれる人々にこそ真実があり、中途半端な知識人は虚仮そのものであるとお示しになっておられるところからも、「文沙汰して、さかさかしきひと」が否定されている意味を見てゆくこともできるでしょう。

ある和上は、自らが救われてゆくためには学問は不要であるが、他の人々に伝えてゆくためには、学問が必要であるといわれました。伝道のためには、それなりの理論展開が必要な場面が多いということでしょう。これはこれでその通りなのですが、法然聖人に対して伝道する必要はないのですから、法然聖人に向かって、「文沙汰」するというのは、やはり生半可な知識をふりまわしているだけでしょう。ご本願の救いには、私自身の持ち前

の何ものをも、役立たせる必要がないということをよく味わって下さい。（二〇一一年六月）

＊　＊　＊　＊　＊　＊

浄土真宗本願寺派福井教区の「アミタ」に掲載された法話です。どのようないきさつで依頼されたのか、全く記憶がありません。大乗仏教思想である空無我を振りかざして、凡夫のための成仏道という浄土真宗のご法義の基本的な性格を、なおざりにするような主張を耳にし、少し憤慨していたことを思い出しました。

宗祖における神と仏

インドで成立した仏教は、その後中国、日本や東南アジアに伝播《でんぱ》し、現在、特定の国家、民族に限定されない、いわゆる世界宗教として位置づけられています。その他、世界宗教といわれるものには、キリスト教とイスラム教があり、いずれも、特定の地域、民族の中で成立したものですが、地域、民族を超えて広まっていったところに、世界宗教といわれる所以《ゆえん》があります。

これらの世界宗教が広まる過程において、それぞれの民族、地域内に、すでに存在していた土着の宗教との間に、さまざまな摩擦が生じ、その対応が迫られたのは、当然のことといえましょう。そして、その対応に成功し、それぞれの地域、民族に受け入れられたからこそ、世界宗教としての地位を確立したのです。

その対応の方法には、さまざまなものがありました。あるいは武力を伴った権力によって、強制的に土着の宗教を捨てさせるという方法をとった場合もあり、あるいは土着の宗教を巧妙に取り込んで浸透してゆくという方法をとった場合もありました。しかし、前者の強制的に受け入れさせるという方法のみでは、一時的、表面的な受容をもたらすだけにすぎず、内面的な受容にまで至るためには、その地域、民族にとって外来の宗教であるその教えそのものが、特定の地域、民族に限定されない普遍性をもっていることが必要であったでしょう。

さて、仏教の伝播においては、どちらかといえば、後者の土着の宗教を取り込んでゆくという方法をとった場合が多いように思います。それゆえ、現在の仏教は、各地域、各民族において多種多様な形態をとり、見方によっては、民族宗教化し、仏教本来の性格を失っているということもできます。しかし、仏教本来の性格をたもちつつ、それぞれの地域性、民族性に応じて受容されていった結果と見ることもできます。

現在の浄土真宗の有りようを見る時、各地域それぞれの風俗、習慣の中に埋没してしまったとの感を受けることさえあります。特に日本の土着の宗教と考えられる神道との関係は、個々人の意識の差もあり、さまざまな問題をはらんでいます。ここでは、「宗祖における神と仏」という題をいただきましたが、特に、親鸞聖人が神をどのように見ておられたのかという問題を、取り上げたいと思います。

親鸞聖人における神といっても、問題は簡単ではありません。まず、親鸞聖人が神々について言及しておられる場面において、それが、必ずしも日本の神々とは限らず、あるいはインドの神々、あるいは中国の神々を意味している場合も少なくありません。というより、インド、中国の神々と区別した日本の神々についてのお示しと断定できるご文は、ほとんど無いといっても過言ではないでしょう。この問題を詳しく検討するには、与えられた紙数ではとても足りませんので、ここでは、たといインド、中国の神々について述べておられていても、日本の神々もそれに准じて考えるべきだとの立場を取りたいと思います。

親鸞聖人の神に関する言及には、いろいろなものがあります。まず、『教行信証』の「化身土文類」の末に、外教釈《げきょう》を設けられ、仏教以外の宗教について述べられる箇所や、『正像末和讃《しょうぞうまつわさん》』の「悲嘆述懐讃《ひたんじゅつかいさん》」では、いわゆる神祇《じんぎ》不拝が示されます。また、『浄土和讃』の「現世利益讃《げんぜりやく》」では、神々が念仏者を護念するとお示しになります。そして、『御消息』には、神々をあなどって捨ててはならないとのお示しが見られます。先にも述べましたように、これらの神々が、全て日本の神々を意味しているとは断言できません。というよりも、言葉の上では、インド、中国の神々についてのお示しと見られるものが大部分です。しかし、特にご和讃や『御消息』において、当時の人々と直接関係しないインド、中国の神々についてのみお示しになったとは考えにくく、当時の人々に直接関係し、対応をせまられていた日本の神々についても准じて考えよ、とのお示しであると受け取るべきでしょう。

さて、「宗祖における神」については、親鸞聖人が神をどのように見られたのかという問題と、親鸞聖人は神に対してどのように対応すべしとお示しになられたのかという問題とに分けることができます。

　前者については、仏法に帰依し仏法を守護する善なる神々と、仏法を妨げる悪なる神々の存在が示され、善なる神々は念仏者を守護し、悪なる神々は念仏者を恐れるとお示しになります。また、仏は、仏法を護持させるために、神々にこの世界をおまかせになったとの経文をご引用になります。その他、わずかながらでありますが、神々を菩薩の化身と位置づける見方も、見出すことができます。

　つぎに後者については、神々に帰依してはならないとのお示しと、神々をあなどってはならないとのお示しがあります。いわゆる神祇不拝といわれるものは、神々に帰依してはならないとのお示しと考えることができます。「化身土文類」の外教釈の最初の引文は、『涅槃経』の、

　仏に帰依せば、つひにまたその余のもろもろの天神に帰依せざれ（註釈版聖典四二九頁）

というものであり、「悲嘆述懐讃」では、

五濁《ごじょく》増《ぞう》のしるしには　この世の道俗ことごとく
外儀《げぎ》は仏教のすがたにて　内心外道を帰敬《ききょう》せり（註釈版聖典六一八頁）

とうたわれています。

仏教者である以上、神々に帰依してはならず、もう一歩押し進めれば、弥陀一仏に帰命した念仏者である以上、諸仏への帰命もありえません。しかし、帰依、帰命してはならないとは、捨て去れということを意味しているのではありません。親鸞聖人は、『御消息』において、

念仏を信じたる身にて、天地の神をすてまうさんとおもふこと、ゆめゆめなきことなり。神祇等だにもすてられたまはず。いかにいはんや、よろづの仏・菩薩をあだにも申し、おろかにおもひまゐらせ候ふべしや。（註釈版聖典七八六頁）

と、諸仏、諸菩薩を粗末にし、神々を軽侮することを、堅く戒めておられます。神々をあなどり捨てるなとのお示しを見ないで、弥陀一仏に帰命せよとのお示しのみにとらわれると、独善、不寛容になり、神々に帰依してはならないとのお示しを見ないで、神々をあなどり捨てるなとのお示しのみにとらわれると、無節操になります。独善、不寛容にもならず、無節操にもならないというのは、たいへん困難なことですが、常に親鸞聖人のお示しを拝して、どちらかに傾きすぎていないであろうかと、自戒することが必要でありましょう。

＊　＊　＊　＊　＊　＊

謎の原稿です。パソコンの「原稿」というファイルに入っていました。文中「『宗祖における神と仏』という題をいただきましたが」という言葉があり、また最後に二十字×二十行×六枚半と覚え書のように付してありますので、どこかから依頼を受けた原稿であると考えられます。本書にも何篇かが載っている『学びの友』の原稿かと思って問い合わせてみましたが、そのようなものは掲載されていないそうです。そういうことで、どこに発表した原稿かは謎です。ただし、平成五（一九九三）年の『龍谷紀要』第一五巻一号に発表した「親鸞の神祇観についての一考察」と内容が一致していますので、これ以降の原稿であることは確かです。

実はこの論文の中の、「宗教的寛容性の陥穽は宗教的無節操性であるが、宗教的純粋性の陥穽は独善性・排他性・不寛容性である。無節操が寛容と誤解され、独善的・排他的な不寛容が純粋と誤解される場合が往々にして起こりうる」という部分が結構気に入っています。この原稿の最後にも、同じ意味のことを少し言い回しを変えて述べておきました。有線放送法話の「一筋の道」にも、同じような表現が出てきます。

無償の行為

世の中で最も素晴らしい行為は、無償の行為でしょう。仏教においても、自分の行う善よりも、他者の善を喜ぶ随喜善の方が価値が高いといわれるのは、自分の行う善が、善を誇るという代償を期待しがちなのに対し、随喜善はそのような代償を期待しにくいからであると考えられます。ところが私たちには、無償の行為はほぼ不可能です。他者のために行う、ほんのわずかな善についても、善を行ったという誇りのみで満足するのではなく、感謝の気持ちという代償を期待し、またその感謝の気持ちを形であらわしてもらえるという代償を期待します。そして、その代償がえられないと面白くなく、「もう、あの人には何もしてやらない」と思ったりするのが私たちです。

たとえば、私自身の経験でもあるのですが、切れ目なく続く車列に、横から入ろうと苦労している車があり、入りやすいようにと徐行して車間を空けた時、当然のような顔で入って来られますと面白くありません。意識の上では感謝してもらおうと思ってしたことではないのですが、意識の底では、感謝されて当然の行為だという思いが潜んでいるということに気付かされます。

そのような私たちにもできる無償の行為が、報恩行なのです。「念仏すれば、お浄土に生まれさせていただける」と、称えるという行為に代償を期待する念仏は、自力の念仏であり、「このような私がお浄土に生まれさせていただけるとは、本当にありがたいことです」と称えるお念仏が、報恩の念仏であり、他力の念仏なのです。

蓮如上人の『蓮如上人御一代記聞書』末一七九条に、

信のうへは、たふとく思ひて申す念仏も、またふと申す念仏も仏恩にそなはるなり。他宗には親のため、またなにのためなんどとて念仏をつかふなり。（註釈版聖典一二八七頁）

と示されていますように、「……のため」という念仏は代償を求める自力の念仏であり、阿弥陀さまにお任せした上でのお念仏は、有り難いと思ってのお念仏も、なんの気もなく、ふと出てきたお念仏も、代償を求めていないので報恩の念仏、他力の念仏なのです。

報恩講のさまざまの行事への参加や、そのお手伝いも、何かの代償を期待してのものではありません。皆様とともに、親鸞聖人のご恩を喜ばせていただきましょう。（二〇一三年九月）

＊　＊　＊　＊　＊　＊

築地本願寺内にある、東京伝道資料センターが発行している報恩講のパンフレットに執筆したもので、最新の法話です。自力の念仏＝代償を求める念仏、他力の念仏＝無償の念仏ということをテーマとしているという点では、「他力の念仏」と同じですが、この「無償の行為」では、無償の念仏＝報恩の念仏ということを加えました。報恩講のパンフレットということで、報恩をテーマにしたのですが、報恩という言葉は、何となく封建道徳を連想させ、また恩を感じなさいと強制されると、逆に反発したくなるものです。しかし、「たふとく思ひて申す念仏」だけではなく、「ふと申す念仏」も報恩の念仏であるという、蓮如上人のご教示からすると、無償性こそが報恩行の本質であると思います。そのことを、多くの方に理解していただきたいと思って執筆しました。

論理と感性

私は、もともと大学で理科系の学問を学ぶ人間であった。その私が、龍谷大学で真宗学を学ぶという、ほとんど百八十度の転換をした経緯は以下の如くである。

希望に燃えて大学の門をくぐった私は、当時の大学生の一般的な気風に同じて、哲学書・思想書を読み漁《あさ》った。私の持っていた大学生のイメージというのが、あるいは難解な哲学書を片手にし、あるいはスポーツにうちこんで汗を流し、あるいは友人と酒を酌み交わし人生を論ずるといったものであった。それは、ある意味では、一種のファッションであったかもしれない。

それらの、哲学書・思想書の中に仏教書があり、その内容は私にとって非常に新鮮なものであった。いわゆる般若経典である。そこには、「功徳を積むとは、徳を積まないことである。だから功徳を積むと如来は説く」とか、「仏国土の光輝などというのは、光輝ではないのだと如来は説いた。だから仏国土の光輝というのである」等の、それまで私の学んできた論理的思考法では理解できない表現が数多く見られた。私は、寺院の次男として生まれ、必ずしも僧侶となるべく義務づけられてはいなかった。そこで前述のごとく、理科系への道を進んだのである。当然のことながら父は僧侶であり、疑問があれば父に尋ねるのが、最も手近な方法であった。父は仏教の考え方、表現方法について話してくれたが、最後に「そういう方法で仏教を学んでも、仏教の妙味は分からない」という一言を付け加えた。

いうまでもなく、仏教とは、他ならぬ私の出離解脱の道（迷いを離れ悟りに至る道）を教えるものであり、単なる知的理解にとどまっていては、かえって仏教の本質を見失うであろう。父の言葉は、それを教えたものであったと思う。しかし当時の私に、そのことが分かったわけではない。ただその言葉を縁として、もう少し仏教を深く学びたいと思って、龍谷大学に入学しなおしたのである。ほとんど百八十度の転換であり、それまでに学んだことが役に立つとは思えなかったので、一からのスタートという意味で一回生として入学した。龍谷大学の真宗学専攻は、その性格よりして、他大学を終えて学部三回生から、あるいは大学院から入学する人々も多いのであるが、私は一回生からの入学という意味で、生粋の龍大育ちと思っている。

さて、真宗学を学んでみて、私のそれまで学んできたものが、必ずしも役に立たないというわけでもないのに気が付いた。理科系の学問の特徴は、その論理性である。真宗の教義も、それを体系的に学ぶ場においては、論理性を必要とする。理科系の学問を学んだ者は論理のすりかえ、論理の飛躍に非常に敏感であり、おのずから学問の基本的姿勢を身につけていたといえよう。

私は、大学院に入学後、修士論文および博士課程の指導を村上速水先生にうけた。その村上先生が、定年で龍谷大学を退職される時の記念講演において、「文を文のごとく解釈せよ」ということを力説された。また、龍谷大学の名誉教授でもあり、現在、勧学寮頭《かんがくりょうとう》という本願寺派の教学における最も重要な職におられる瓜生津隆雄先生は、

聖教《しょうぎょう》は句面《くめん》のごとくこころうべし。(『蓮如上人御一代記聞書』註釈版聖典一二六〇頁)

という、蓮如上人《れんにょしょうにん》のお言葉を好んで引用される。その瓜生津先生は、聖教について語られる時、決して「解釈する」とは言われず、必ず「頂戴する」と言われ、また村上先生は、その著書で「聖教の底に流れる生き生きとした信仰体験が見落とされてはならない」と述べておられる。

宗教は、基本的に知性の領域ではない。真宗第四祖の道綽禅師《どうしゃくぜんじ》が、

ただ浄土の一門のみありて、情をもつて悕ひて趣入すべし。(註釈版聖典・七祖篇一八四頁)

と述べ、江戸時代の先輩が「凡情《ぼんじょう》を遮《しゃ》せず」と講じているように、浄土教は本来私たちの素朴な感情に根差したものであろう。

仏陀の経説や親鸞聖人の釈義は、まさしく拝読し頂戴すべきものであって、知的玩弄物《がんろう》になってしまってはならない。村上先生はまた、

「現代の真宗学は……かえって煩瑣《はんさ》な理屈を弄《もてあそ》んでいるような気がする。もっと真宗学なるものは謙虚に真宗の前に額《ぬか》づくべきではないか。〝浄土〟を説明するのにも、一昔前よりも分りにくくなっているのではないか。もっと謙虚に教えの前に随順するべきではなかろうか」

と述べて、

「お浄土はいろいろな経典や聖教に説かれていますが、原始的な感情に帰してしまうようです。子供の頃、お母さんにつれられて、いろいろ聞いた西方《さいほう》の阿弥陀さまのお国、親や祖先が、みんな西方を願生《がんしょう》して往生していった世界、そうしてわたしたちを待っていてくださるなつかしい方々の世界です」

という、足利浄円師の言葉を引用しておられる。そういう素朴な感情を否定する真宗学は、果たして本当の真宗学であろうか。真宗の教義を学ぶということは、他ならぬ私の往生浄土の道を聞き開くという営みであり、また自分一人のうなずきであろう。そこにこそ、宗教的な感情というものも生まれてくるのではないであろうか。

しかしまた、自らの往生浄土の道であり、自分一人のうなずきであるということを楯に

とって、教えを自分に合わせてねじまげてはならない。『歎異抄』に、

自見の覚悟をもつて、他力の宗旨を乱ることなかれ。（註釈版聖典八三二頁）

とあるのは、その間の消息を物語るものであろう。その内容を正しく受け取るためには、仏陀の経説や宗祖の釈義の一語一語を吟味するという作業において、その知的側面、論理的側面がなおざりにされてはならない。自分一人のうなずきは、また万人のうなずきであるはずである。『歎異抄』において「親鸞一人がため」（註釈版聖典八五三頁）と受けとめられた本願は、また十方の衆生のためのものである。

仏教において、観察《かんざつ》という行がある。自らの心を浄らかにし、また精神を統一して、仏のすがたを観るというものであるが、いくら精神を統一した状態において仏のすがたを観ても、それがお経の中に説かれている仏のすがたと異なったならば、それは自らの利己的欲望によって造りだされた一種の幻影にすぎないとされる。真宗の教えを学ぶ場面においても、それは同様ではなかろうか。浄土とは、確かに私が生まれてゆく世界であり、私にはたらきかけてくる世界である。その意味では、「私にとっての浄土」というものが最も重要なものであるのはいうまでもない。しかし、その「私にとっての浄土」が、仏の経説や親鸞聖人の釈義をかえりみない、自らの先入観、偏見に固執された浄土であってはならないのも、またいうまでもない。自らの受けとめが、単なる独りよがりではないというこ

とを検証する作業が、句面のごとくこころえ、文を文のごとく解釈するという営みであろう。私は、宗教を学ぶとは、そのような論理と感性の協同作業であると思っている。（一九八七年十二月十五日発行　『りゅうこくNO.41』）

＊　＊　＊　＊　＊　＊

学部・大学院・宗学院とずっと同期であった深川宣暢先生が、龍谷大学の宗教部の主事をしておられた時に依頼を受けた原稿です。宗教部から出ている『りゅうこく』という小冊子に掲載されました。本書に収録したさまざまなもののなかで、唯一「である」調の文体となっていますが、対象が大学生ということで、そのようにした記憶があります。私が、真宗学の道に転換した契機が述べられています。今読み返してみますと、そのあたりの記述に若さによる衒気《げんき》があると感じ、少し気恥ずかしい気分です。懐かしい気もしますので、敢えてそのまま載せてみました。同じく本書に収録した「真宗を学ぶ姿勢」と併せてお読みいただければ、私のいいたいことが一層分かっていただけると思います。

疑いの蓋

この度、龍谷大学伝道部創部の八十周年記念誌の刊行が企画され、私にも寄稿を依頼されました。伝道部出身の知人は多いのですが、伝道部そのものとは直接ご縁をいただいていません。宗教部長経歴者に対しての依頼のようです。

さて、新聞で読んだことですが、今年のノーベル賞を受賞された山中伸弥教授が、次のような意味のことをいっておられました。

真理は、何枚ものベールに包まれている。真理の発見とは、その何枚ものベールをはがしてゆくようなもので、一枚のベールをはがしても、次ぎのベールがあり、そのベールをはがしても、また次ぎのベールがあらわれるという積み重ねである。今回のノーベル賞受賞につながった発見は、何人もの人によって何枚ものベールがはがされている中で、たまたま私が一枚のベールをはがした時に、ひとつの真理があらわれただけだ。

自分の発見の背景には、多くの研究者の研究成果の蓄積があってのことだということでしょう。このような発見は、自分にしかできないと威張るのではなく、多くの人々のお陰だと受けとめておられる、山中先生の謙虚な人柄が感じられるお話です。

この山中先生の言葉をきっかけとして思ったことがあります。親鸞聖人は、他力の信心を疑蓋無雑とお示しになり、疑いを蓋に譬えておられます。まず、疑いについてですが、親鸞聖人においては、疑心とは自力心のことです。そして自力心とは、往生や成仏について、自分の力を役立たせようとする心です。ですから、信心とは、往生成仏について、自分の力を役立たせようとする心が全く無くなってしまったあり方なのです。阿弥陀如来は、迷いから脱け出すのに役に立つものを何ひとつとして持っていない存在を悟りに到らせようと、常に私たちにはたらきかけ続けておられます。疑いとは、その阿弥陀如来の救いの力が、自分の中に入ってこないように、自分で自分の心に蓋をしているということなのです。蓋には、二つの役目があります。一つめは、中のものが外へ出ていかないようにすることです。二つめは、外のものが中に入ってこないようにすることです。疑いを蓋に譬えるのは、外のものが中に入ってこないようにしているという、蓋の役目によったものです。

私たちは、せっかく私たちにはたらきかけて下さっている阿弥陀如来の救いの力、はたらきが、私の中に入ってこないように、一所懸命に自分で自分の心に蓋をしているのです。そこで、親鸞聖人は、疑いを蓋に譬えられます。この疑いの蓋は、私たち自身の力で開けることはできません。そこで、阿弥陀如来は、その疑いの蓋をこじ開けようと、常にはたらきかけてくださっているのです。山中先生のお話を読んで思ったのは、疑いの蓋とは一枚だけなのではなく、実は何枚もあるのではないかということでした。そして、最後の疑いの蓋が分厚い人もいれば、薄い薄い人もいるのではないかと思うようになりました。

ご本願との出遇いには、さまざまなかたちがあります。親鸞聖人のように、比叡山での命がけのご修行を経た後に比叡山を下りられ、六角堂での救世観音の夢告を受けて法然聖人のもとに赴かれて、そこでご本願の教えに出遇われたような方もおられました。その意味で、親鸞聖人にとっては、法然聖人の教えを通じてのご本願との出遇いほど印象深い出遇いはなく、生涯心にとどめておられたと考えられます。一方浄土真宗のお寺に生まれ、もの心つかない頃から、口伝えで教えられたお念仏をまわらぬ口で称え、ご法座にすわって分からぬながらご法話を聴聞し、いつとも知れずお念仏を喜ぶことができるようになった方もおられるでしょう。その他、ご本願との出遇いは、さまざまの形があるでしょう。極端なことをいえば、ご本願との出遇いは、一人一人みな違っているということができます。「正信偈」に、

凡聖・逆謗斉しく回入すれば、衆水海に入りて一味なるがごとし。（凡聖逆謗斉回入如衆水入海一味）（註釈版聖典二〇三頁）

と示されますが、それぞれ違った味わいの水が海に入れば一つの味わいになるように、ご本願に出遇った後は同じお念仏一つの世界に生きてゆくようになります。しかし、逆にい

えば、ご本願に出遇うまではさまざまだったということであり、いろいろな水があって、それぞれの水の海への入り方がいろいろであるように、ご本願との出遇いもまたさまざまです。

先に、疑いとは自力心であるといいましたが、命がけの修行をして一心に悟りを求めているような人、また何とかして他力の信心をえたいと一所懸命な人は、逆に自力心が強い人であるということができます。命がけの修行をして一心に悟りを求めている人は、自分の力で仏道を歩もうとしている人です。また何とかして他力の信心をえたいと一所懸命な人は、自分の力で信心をえようとして一所懸命な人です。一所懸命であればあるほど、自力の心が強いのだということもできるでしょう。そして、その人の自力の心が破られた時、つまり厚い厚い疑いの蓋が開けられた時、そこには大きなインパクトがあります。その人にとっては、まるで暗闇が突然明るくなったように感じるかもしれません。

しかし、そのような人ばかりではありません。病気が治る時に、薄紙がはがれるように快方に向かうという言い方がされることがあります。そのように、何枚も重なっている薄い自力心の蓋が、阿弥陀如来によって一枚一枚はがされてゆき、ついに最後の一枚の疑いの蓋が開けられて、阿弥陀如来の救いの力、はたらきがその人に至り届き、迷いの命を繰り返さなくてはならない身が、必ず悟りを開くことのできる身になるという、自力から他力への大転換が起こる人もいます。しかし、その人自身の感じ方としては、いつとも知れずとしかいいようのないことだということもあるのです。

つまり、「私の後生の一大事は、阿弥陀如来におまかせしているので、何の心配もない」というようになっている人も、「いつからそうなりましたか」とお訊ねすると、「さあ、いつとも知れずとしか、いいようがありません」との答えが返ってくることもあるでしょう。世間には、「いつ信心をえたのか」ということにこだわる人がいます。言い換えますと、最後の自力心の蓋が開けられたのはいつかということにこだわっている人です。先哲は、「いつ信心をえたのか」ということが重要なのではなく、「今、信心をえているのかどうか」ということが重要なのだと指摘しています。そして、これについて次のようにたとえを用いて説かれているのです。

誰でも、この人が自分の親だと知っている。自分の親と他人とを間違える人はいない。しかし、この人が自分の親であると、いつから知っているのかと尋ねられたならば、答えることのできる人は少ないだろう。自分の親は誰なのかということさえ知っていれば、いつ知ったのかということはどうでもいいことなのである。これと同じように、阿弥陀如来こそが、この私を救って下さる仏であるということさえ本当に分かっていれば、いつ分かったのかということを問題にする必要はない。

「いつ信心をえたのか」ということにこだわる必要は、全くないということがお分かりでしょう。いつ信心をえたのか分からないような信心は、本当の信心ではないといって、他人をまどわす人もいますが、それは、信心をえているかどうかを、いつ信心をえたのか分かるのか分からないのかで判断するということで、言い換えますと、救われるか救われないかの判断を、いつ信心をえたのか分かるのか分からないのかを基準とするということです。これでは、阿弥陀如来の救いにたよるのではなく、自分の記憶にたよるということになります。覚如上人は、『報恩講私記』で、

至心信楽おのれを忘れて（註釈版聖典一〇六九頁）

と示しておられますが、自分がとらえたものにたよるのではなく、自分の全てを阿弥陀さまにおまかせすることこそが肝要なのです。（二〇一三年九月『恒河　特別号』）

＊　＊　＊　＊　＊

龍谷大学伝道部の、創部八十周年を記念した『恒河　特別号』への執筆を依頼された法話です。ちょうど、山中伸弥先生がノーベル賞を受賞され、その後先生のさまざまなコメントが紙上を賑わし、その記憶がまだ新しい頃に執筆しました。親鸞聖人の「疑蓋」という言葉について、さまざまに考えていたことと、一念覚知といわれる異

安心について考えていたことと、山中先生のコメントとが合致したところに生まれた内容です。本文にも書きましたが、病気の回復に「薄紙がはがれるように」という表現がとられるということと、山中先生の「何枚ものベールをはがす」という表現と、「疑蓋」とが、私の中でひとつになったということでした。親鸞聖人が、自力とは「わが身をたのむ」ことであり、自力の心を捨てるということについて、「身をたのまず」とお示しなのに、私たちは、何か自分のつかまえたものにたよろうとします。私は、「自分がこのようになったから、必ず救われる」という理解は、誤りであると思っています。先哲の「法を聞いて確かになるのではない、確かな法を聞くのだ」という言葉を、改めて思い起こすことです。

他力の念仏

蓮如上人は、明応二（一四九三）年の年頭に、お弟子の道徳に対して、

道徳はいくつになるぞ。道徳念仏申さるべし。（『蓮如上人御一代記聞書』註釈版聖典一二三一頁）

とおっしゃいました。非常に有名なお言葉なので、多分皆さんも何度か耳にされたことがあると思います。

現在の私たちの間では、年頭の言葉としては、「明けまして、おめでとうございます」というのが普通でしょう。しかし、蓮如上人は、まず、おまえは何歳になったのか尋ねられ（いうまでもありませんが、当時の年齢とは数え年であり、年が改まると一つ歳をとります）、続いてお念仏せよとおっしゃいます。

蓮如上人は、私たちが何度も耳にする「末代無智」の『御文章』を、

ねてもさめてもいのちのあらんかぎりは、称名念仏すべきものなり。（註釈版聖典一一八九頁）

と結ばれます。また、親鸞聖人の『御消息』には、源信和尚の、

行住座臥を簡ばず、時処諸縁をきらはず（註釈版聖典七四七頁）

との文が示されています。「いつでも、どこでも、どんな場合でも」という意味です。「ねてもさめても」、「いつでも、どこでも、どんな場合でも」ですから、特に年頭だからお念仏するということではありません。一方、世間では、南無阿弥陀仏のお念仏を、人の死というものに関わる時にするべきものだと受けとめ、元旦というめでたい日にお念仏するのは縁起が悪いといわれることもあります。しかし、「ねてもさめても」、「いつでも、どこでも、どんな場合でも」ですから、親しい人との別れなどの悲しいときも、結婚や出産の嬉しいときも、常にお念仏させていただくのが、親鸞聖人の教えを受ける私たちの所作というべきでしょう。

このような話を聞いたことがあります。ある人の乗っていた飛行機が、乱気流のためか、激しく揺れたそうです。その時、思わず、お念仏が出そうになったのですが、その人は、お念仏とは、このような時にするべきものではないと思って、お念仏することを思いとどまったそうです。

みなさんは、どう思われますか。私は、少し窮屈に考えすぎではないかと思います。お念仏とは、このような時にするべきである、このような時にはするべきではないというものではありません。何度もいいますが、「ねてもさめても」、「いつでも、どこでも、どんな場合でも」のお念仏なのです。

しかし、このことは、どのようなお念仏でもいいということではありません。自力と他力とをきちっと区別し、他力の念仏を勧め、自力の念仏を強く戒められたのが親鸞聖人です。その意味では、この期間はお念仏するべき期間だとして、お念仏を励むのは、逆に自力の念仏だということになります。

蓮如上人は、自力の念仏について、

他宗には親のため、またなにのためなんどとて念仏をつかふなり。（『蓮如上人御一代記聞書』註釈版聖典一二八七頁）

とお示しになります。言い換えれば、見返りを求めて、交換条件としてお念仏を使うのが自力の念仏だということです。「親のため」というのは、すでに亡くなった親が、あの世で苦しまないようにとのお念仏であり、これは自力の念仏です。また、飛行機が激しく揺れたとき、どうか墜落しませんように、阿弥陀様助けてください、という思いからの念仏も自力の念仏です。親が苦しまないようにとか、飛行機が落ちないようにとか、見返りをもとめているからです。

しかし、飛行機が激しく揺れて、恐ろしさのあまり、思わずお念仏が出たとき、たといこのまま飛行機が落ちて命を失ったとしても、私には阿弥陀如来がおられる、ということに気づかせていただくために、口から出てくださったお念仏だと受け取れば、これほど有り難いことはないのではないでしょうか。

「ねてもさめても」、「いつでも、どこでも、どんな場合でも」のお念仏とは、「ねてもさめても」、「いつでも、どこでも、どんな場合でも」、阿弥陀如来は私によりそってくださっているということなのです。（二〇一一年六月『御堂さん』）

＊　＊　＊　＊　＊　＊

本願寺派の大阪津村別院が出版している『御堂さん』に掲載されたものです。「無償の行為」と同じテーマだということもできます。飛行機が乱気流で揺れた時に、思わず出そうになったお念仏を思いとどまったというのは、名前をいえば多くの人が知っている有名人のエピソードです。その話を聞いた時に、ご法義を堅苦しく受けとめ過ぎているのではないかと感じました。このようにご法義を受けとめますと、肩が凝ります。お念仏は、型にはめなくてはならないようなものではなく、もっとおおらかなものではないでしょうか。浄土真宗のご法義は、私たちの肩を凝らせるものではなく、逆に私たちをリラックスさせてくださるものだと思います。肩の力を抜かないと、ご法義の妙味はわからないということもできます。

あとがき

実は、私は当初出版された『やわらかな眼』の「はじめに」を気に入っています。増補版として本書が出版されるにあたって、全く消えてしまうのは惜しく、かつ不本意でもありますので、以下その一部を省略したものを掲載致します。

＊　＊　＊　＊　＊　＊

私は元来法話は不得手だと思っています。それは、法話に対する思いがあるからかも知れません。本書に収録した「論理と感性」に書いたように、私は、浄土真宗のご法義は、感性を通じての受容が必須だと考えています。その意味では、ご法義を伝えるべき法話とは、感性に訴える点を多く持たなくてはならないと思うのです。ところが、私は、感性に訴えるということが、どうも苦手です。論理的か論理的でないかということはよく分かるつもりですので、自分の話（書くものにせよ、口で話すものにせよ）に、できるだけ論理的でない部分を排除しようとしています。仏教の非論理的（超論理的という方がいいのかも知れません）な部分も、なぜ非論理的（超論理的）なのか、どのように非論理的（超論理的）なのかを論理的に説明しようとします。その点に関しては、それなりに自信があるつもりです。つまり、どうすれば論理性に訴えることができるのかは分かっているつもりです。ところが、どうすれば感性に訴えることができるのかという点に関しては、全く分かりません。アポロ的な文章は得意だが、ディオニソス的な文章は不得意だということにもなるでしょうか。しかし、芸術の分野でいうとアポロ的といわれる造形美術よりもディオニソス的といわれる音楽の方が私の好みには合うのですから、よく分かりません。自分にはディオニソス的なものは作ることができないので、かえって憧れから好きになるのかも知れません。

そのような意味で、法話には苦手意識を持っているのですが、いくら逃げていても、逃げ切れなくてつかまってしまうもの（まるで摂取不捨のようですが）もいくつかあります。本書に収録した龍谷大学のお逮夜法要やご命日法要の法話などは龍大に奉職している以上逃げられません。また、地域の仏教会のものも義務として果たさなくてはなりません。そのようなものがいくつかたまってきました。その他、様々な場面で書いた文―純粋な法話とはいえないかも知れませんが、ご法義に関する話であることは確かです―も含めると結構な分量になってきました。本書は法話集と銘打っていますが、純粋な法話でないものも多くまじっています。

ある人が私の法話を評していいました。「三段論法の積み重ねだから、少し聞き漏らすと分からなくなるので、聞いていて疲れる」と。さいわい本書ではその心配はなさそうです。声は消えてしまいますが、文字は残りますので、疑問があれば、いつでも戻って読み返すことができます。

先に感性に訴えるのは不得意だと申しましたが、法話原稿という以上、精一杯努力はしたつもりです。それでも、どうすれば感性に訴えることができるのか分からないままの努力ですから、見当違いのところに力を入れているのかも知れません。感性に訴えることができないのは私のつたなさですが、ご法義そのものは本来私たちの感性に訴えかけてくるべきものです。法話と銘打たれていてもご法義の解説書のようなもの、はじめから法話のつもりで書いたのではないので、もちろん法話ではないもの、それらを集めて法話集としました。既発表の原稿の中でもあまりにも講義的なものは省きましたが、なお羊頭をかかげて狗肉を売るといわれるかも知れません。それでも、ご法義をテーマとしていることには違いありませんので、それを法話とすれば、間違いなく法話集です。私のつたなさにもかかわらず、ご法義そのもののはたらきとして何か琴線に触れるものがあれば、望外の幸せです。

＊　＊　＊　＊　＊　＊

文中、「私は元来法話は不得手だと思っています。……どうすれば論理性に訴えることができるのかは分かっているつもりです。ところが、どうすれば感性に訴えることができるのかという点に関しては、全く分かりません」とありますが、出版後、「先生のご法話は、じんわりとご法義のありがたさが伝わってきます」との感想をいただきました。

じつは、私の法話がありがたいのではなく、ご法義そのものがありがたいのですが、私の法話のつたなさがご法義のありがたさを全面的に覆い隠してしまうことはなかったのだと、ほっとしています。

最後になりましたが、本来の仕事で多忙の中、校正等の労をとってくださった稲田英真・井上見淳・塚本一真・西義人の四氏をはじめ、三浦真証・門川崇志・西塔公崇・長尾隆司の各氏に深い感謝の意を表したいと思います。

二〇一四年二月

大宮学舎研究室にて　著者識

内藤知康（ないとう　ちこう）

1945年、大阪府に生まれる。龍谷大学大学院文学研究科修了、宗学院卒業。

現在、龍谷大学教授、本願寺派勧学寮員、福井県覺成寺住職（福井教区若狭組）。

主な著書に、『親鸞聖人のことば』（共著）、『御文章を聞く』、『安心論題を学ぶ』、『顕浄土真実行文類講読』ほか、論文多数。

増補版　やわらかな眼《まなこ》

二〇一四年三月二七日　初版第一刷発行

著　者　内藤知康
発行者　西村明高
発行所　株式会社　法藏館
京都市下京区正面通烏丸東入
郵便番号　六〇〇-八一五三
電話　〇七五-三四三-〇〇三〇（編集）
〇七五-三四三-五六五六（営業）

装幀者　井上二三夫
印刷　立生株式会社　製本　清水製本所

©C. Naitō 2014 *Printed in Japan*
ISBN 978-4-8318-8725-2 C0015
乱丁・落丁本の場合はお取替え致します

浄土教の十念思想　岡　亮二著　六、八〇〇円

親鸞の解釈と方法　杉岡孝紀著　四、四〇〇円

親鸞の名号論　根本言の動態的了解　本多弘之著　九、〇〇〇円

現代社会の無明を超える　親鸞浄土教の可能性　藤　能成著　二、四〇〇円

仏教のこころ　念仏のこころ　浅井成海著　一、九〇〇円

妙好人めぐりの旅　伊藤智誠著　一、八〇〇円

親鸞聖人のことば　村上速水・内藤知康著　一、四五六円

法藏館　（価格税別）